SDGsと保育スタートBOOK

つながる保育で実践する幼児期のESD

青木一永・社会福祉法人檸檬会［編著］

みらい

はじめに

「SDGs×保育」はつながる保育でうまくいく

　ESDという言葉をご存じでしょうか。

　これは、保育者であれば絶対に知っておきたい言葉です。しかし、ほとんど知られていないように感じています。少し前、ある自治体から依頼を受けた保育園等の施設長向けの研修で、「ESDを知っていますか」と尋ねたところ、手をあげたのはほんの一握りでした。施設長でさえそういった状況であることを痛感し、「なんとかしなければ」と本書を執筆することにしました。

　ESDとは、Education for Sustainable Development（エデュケーション フォー サステナブル ディベロップメント）の略で、「持続可能な開発のための教育」と訳されます。一言でいえば、SDGsを実現するための教育です。SDGsはほとんどの人に知られているのに、それを実現するためのESDはあまり知られていません。

　しかも、ESDは生まれたときから始まります。だからこそ、保育者がESDを知らないのはとても残念なことであり、かつ大きな問題です。

　本書は、保育にESDの視点を取り入れるための提言書です。

　現状では、ESDに関する書籍のほとんどは小学生以上の子どもを対象にしており、乳幼児期を対象としたものは多くありません。しかし、先に述べたように、ESDは生まれたときから始まっているのです。

　だからこそ、ESDは、これまでの保育となにが違うのか、なにを変える必要があるのかを示すと同時に、実践例を掲載し、具体的にESDをイメージできるよう構成しました。さらに、実践に活用できる様々なヒントも掲載しています。

　「うちはSDGsに取り組んでいます」という園の実践を見てみると、「給食を残さない」「野菜を育てる」「リサイクルをする」といった「○○をする」ことが中心になっているものが少なくないと感じています。しかし、大切なのは子どもたちの探究のプロセスです。ここで、次の問いについて考えてみてください。

子どものころ、どんな保育を受けていたら、
あなたは今よりもっとSDGsを自分ごと化し、
行動する大人になっていたと思いますか？

それに対する答えはきっと、こんな経験ができる保育ではないでしょうか。

- 身のまわりや社会のものごとや場所との出会いがある。
- 様々な人との出会いや関わりがある。
- 興味を持ったことにとことん関われる。
- 自分の考えを表現したり、対話する場面がたくさんある。
- 予測したり振り返る場面がたくさんある。
- なにをするかを自分たちで決められる。
- 自分たちで決めたことを実行できる。
- うまくいかないことに何度も試行錯誤できる。

このような主体的な経験を積むことによって、子どもたちは身のまわりのものごとを自分ごと化することができ、自ら行動を起こす存在になっていくのではないでしょうか。それとともに、自分が周囲に影響を与えられる存在であることを理解していくはずです。「自分たちの持つ影響力は、身近なところだけでなく、遠い世界や遠い将来にも関係していく」。このように考えることができる未来の担い手を育てていくことが、まさにESDであり、ひいてはSDGsの達成につながっていくと思います。

しかし、大人がなにをするかを一方的に決めて進める保育では、主体的な姿は生まれにくいでしょう。だからこそ、保育でSDGsに取り組む際、単に「○○をする」だけでは不十分です。活動を通して、もっと子どもたちが考えたり、対話したり、振り返ったりすることを大切にできたらと思うのです。つまり、幼児期のESDとは「なにをするか」（WHAT）ではなく、「どのようにするか」（HOW）というプロセスこそが問われるべきなのです。

そのためにはどうしたらよいのでしょうか。

　私は、プロジェクト・アプローチが大いにヒントになるのではないかと思っています。プロジェクト・アプローチとは、アメリカやカナダを中心として世界各国で取り入れられている幼児教育方法の一つで、子どもたちが関心を持ったテーマについて探究していくものです。

　私たち社会福祉法人檸檬会では、法人全体でこのプロジェクト・アプローチに取り組んでいます。毎年、各園から希望者を募り、約半年にわたる往還型研修を実施しているのですが、その受講者から数々のすばらしい保育実践が生まれます。そこでは、子どもたちが身のまわりのものごとに向き合い、対話し、探究する姿が見られます。そして、豊かなESD実践が生まれてきたのです。それはなぜだろうと考えたとき、プロジェクト・アプローチが、先述の「子どものころ、どんな保育を受けていたら？」という保育につながるからだと気づいたのです。

　本書の第Ⅱ部において、私たちがプロジェクト・アプローチに取り組んだことで生まれたESD実践を、4つの事例として掲載しています。この経験を多くの保育者のみなさんと共有したいと願っています。

　また、本書で示す内容は、乳幼児のみならず、学童保育の場でも有効であると思っています。自由度の高い学童保育は、学校での学びと生活を結びつける、とっておきの場になり得ます。だからこそ、学童保育がESD実践の場の一つとして、もっとクローズアップされてよいのではないかと感じています。

　ESDが日本中、いや世界中に広がり、持続可能な社会の実現に向かっていけるよう、一緒に学んでいきましょう。

　なお、私たち社会福祉法人檸檬会では、親しみやすいようにプロジェクト・アプローチを「つながる保育」と表現しています。本書でも「つながる保育」としています。

2023年3月

社会福祉法人檸檬会　副理事長　青木 一永

もくじ

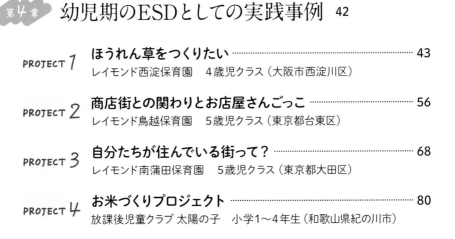

第Ⅰ部

知っておきたい
基本の知識

いま様々な場所でSDGsの文字を目にします。
「SDGsとはなにか？」を考える前に、
世界で今なにが起きているのか考えてみましょう。
そして、SDGsの成功の鍵を握っているESDについて
学んでいきましょう。

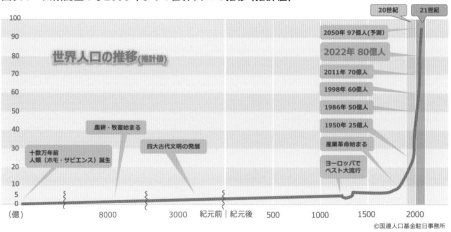

第 1 章

SDGsとはなにか

1. いま世界でなにが起きているか？

❶ 驚異的な人口増加

　図表1は十数万年前に地球上に人類が誕生してからの世界人口の推移を示していますが、これを見ると、この200〜300年の間に人口が急激に増加していることがわかります。つまり、地球の面積は変わらないのに、地球で暮らす人類は急増し、かつてない速さや量で様々な資源を消費しているということで

図表1　人類誕生から2050年までの世界人口の推移（推計値）

出典：国連人口基金 駐日事務所
https://tokyo.unfpa.org/ja/resources/%E8%B3%87%E6%96%99%E3%83%BB%E7%B5%B1%E8%A8%88

す。これは、私たちが住む地球にこれまで経験したことがないほど大きな負荷がかかっていることを意味しています。

❷ たくさんの動植物の絶滅

　また、地球では過去約50年間（1970～2018年）で、生物多様性が69%減少したといわれています。さらに、今後数十年で、およそ100万種の生物が絶滅するおそれがあるといわれています。1990年以来、伐採によって、世界中で推定4億2,000万ヘクタールの森林が失われました。これはインドよりも大きい面積です。つまり、人類の増加とともに、多くの動植物の生態系が変化したり、絶滅に至ったりしているのです。

❸ ますます進む地球温暖化

　世界の平均気温は、1850年以降から現在までの約170年の間で、1.09℃上昇したといわれています。2100年には、最大5.7℃上昇するとも予測されています。さらに、地球温暖化によって、海面水位についても、2100年までに最大1.01m上昇し、2300年には15m超も上昇する可能性が示唆されています（図表2）。このような環境になると、海面上昇により海に沈む島々も出てくるなど、人々の生活や動植物の生態にも深刻な影響を及ぼします。

❹ 厳しい環境で暮らす人々

　世界には様々な格差があります。極度の貧困状態で暮らす人々は世界に7億人にものぼり、そのうちの約半数が子どもです。しかも、先進国でも5人にひとりの子どもが相対的貧困にあるといわれています。また、世界には医者などの医療関係者が不足している国があり、病気になっても必要な治療が受けられない子どもがたくさんいます。教育の面でも一生学校に通うことができない女児（6歳から11歳）は男児の約2倍になるとともに、18歳になる前に結婚する女性は世界で6億5,000人にものぼります。このように、世界には様々な格差がありますが、このような格差の解消が求められています。

図表2　2300年の世界平均海面水位の変化予測

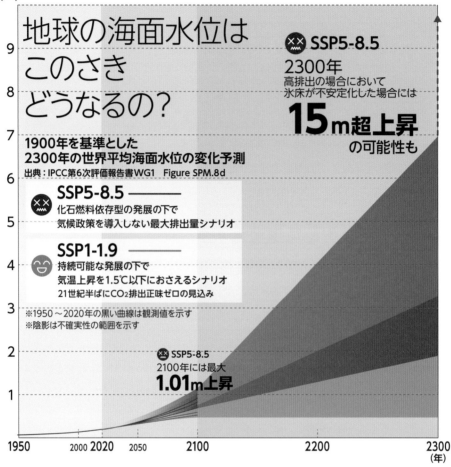

出典：全国地球温暖化防止活動推進センター（JCCCA）
https://www.jccca.org/download/43060?p_page=2#search

❺ 自然資源の消費

　その一方で、もし世界の人々が日本での暮らしと同じ暮らしをしたら、地球2.91個分の資源が必要になるといわれています。アメリカと同じ暮らしでは約5個分ともいわれます。これらが意味するのは、今と同じ暮らしをして資源を消費し続けると、地球にある資源が枯渇してしまうということです。現に、石油や天然ガスはあとどのくらい利用できるかというと、およそ50年といわ

図表3　世界のエネルギー資源確認埋蔵量

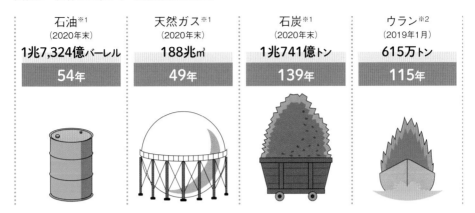

（注）可採年数＝確認可採埋蔵量／年間生産量。ウランの確認可採埋蔵量は費用130ドル／kgU未満
※1　BP統計2021
※2　OECD/NEA,IAEA「Uranium 2020」より作成

出典：エネ百科　https://www.ene100.jp/zumen/1-1-6

れています（図表3）。だからこそ、自然エネルギーの利用促進が期待されているのです。

2. SDGsとは？

❶ なぜSDGsなのか

　このような危機的な状況を見ると、私たち人類はこれから何世代にもわたってこの地球で住み続けられるのだろうかと不安になります。このままでは、未来の人々は、「なぜ昔の人たちは、必要な対策を取ってくれなかったのか」と思うでしょう。私たちは、いま得られている様々な資源や環境を、次世代へとバトンタッチしていく使命があるのです。それだけでなく、先人たちが築き上げてきた文化や文明、社会機能を受け継ぎ、よりよい社会にしていくことも大切です。

　これを「持続可能性」といいます。ものや食べ物を無駄に消費したり、絶滅に結びつくほど漁をしたり、エネルギー資源を必要以上に使い続けたり、森林が育つより早く伐採することは、持続可能な社会とはいえません。一方で、環

境保全を最優先にして誰かの生活が苦しくなったり、文化が壊れてしまったりすることも、持続可能な社会とはいえません。

　こうした持続可能性を追求していこうという動きが、国連の提唱するSDGsです。SDGsは、Sustainable Development Goals（サステナブル　ディベロップメント　ゴールズ）といい、その頭文字とゴールズの「s」をとって、SDGsと表現されています。日本語では「持続可能な開発目標」と訳されます。

SUSTAINABLE DEVELOPMENT GOALS

❷ SDGsで目指すもの

　SDGsとは、193か国すべての国連加盟国が2030年までに達成を目指す世界共通目標として2015年に国連サミットで採択されました。ただ、「持続可能な開発目標」という言葉にはわかりにくい面もあります。というのも、「持続可能」という言葉は、SDGs以外であまり聞きませんし、「持続可能」と「開発」という相容れない印象を与える言葉が並んでいるからかもしれません。

　SDGsで実現したい「持続可能」とは、今を大切にしつつ将来も大切にするということです。「開発」は英語で development（ディベロップメント）と表しますが、「発達」や「成長」という意味もあります。つまり、森林伐採のような環境を破壊する「開発」ではなく、人々の成長とともに社会全体を「成長」「発展」させていきましょうということです。

　かりに、今の世代が生活を切りつめてこの地球を次世代に残そうとしても、すぐに無理が生じてしまうでしょう。なぜなら、生きるためには食べなければならず、そのためには漁や栽培をする必要があるからです。石油やガスなどのエネルギー資源も必要です。世界約200か国のうち、世界人口の8割以上が暮らす150もの開発途上国が貧困から抜け出すためには、経済的な発展が必要です。しかし、経済発展を重視することで資源が枯渇したり温暖化が進行するとしたら、将来の世代に対して無責任でしょう。だからこそ、SDGsによって今も将来も大切にできるような社会づくりが求められているのです。

　そうした持続可能な開発は、どのように実現できるのでしょうか。これには、自然環境を保護・保全するだけでなく、経済や社会とのバランスが不可欠です。なぜならば、経済発展を伴わないと貧困から抜け出すことができません。そして、

人権や生命、学びや労働の機会が尊重されることによって一人ひとりが新しい社会の担い手となり、経済発展にもつながるからです。生活や文化も大切にされなければなりません。

わたしたちの「宇宙船地球号」

　持続可能性を実現するとは、このように環境、経済、社会の3つの側面をバランスよく育てていくことであり、SDGsによってそれを目指していくということなのです。

❸ SDGsで示されている17のゴール

　SDGsは、Sustainable Development Goalsの略称である通り、Goal（ゴール・目標）を表しています。では、どのようなゴールを示しているのでしょうか。

　これまで見てきたように、持続可能性を実現するには、環境、経済、社会の3側面が重要であり、SDGsにはこの3つの視点から17のゴールが掲げられています。これらのゴールを見ると、自然環境の保全・保護の観点だけが重要ではないことがわかると思います。

　それぞれのゴールには、そのゴールを達成するための具体的目標が示されており、ターゲットと呼ばれます。全部で169のターゲットが設定されています。

■目標 1. 貧困をなくそう
あらゆる場所のあらゆる形態の貧困を終わらせよう

■目標 2. 飢餓をゼロに
飢餓を終わらせ、すべての人が一年を通して栄養のある十分な食料を確保できるようにし、持続可能な農業を促進しよう

■目標 3. すべての人に健康と福祉を
あらゆる年齢のすべての人々の健康的な生活を確保し、福祉を促進しよう

■目標 4. 質の高い教育をみんなに
すべての人が受けられる公正で質の高い教育の完全普及を達成し、生涯にわたって学習できる機会を増やそう

■目標 5. ジェンダー平等を実現しよう
男女平等を達成し、すべての女性及び女児の能力の可能性を伸ばそう

■目標 6. 安全な水とトイレを世界中に
すべての人が安全な水とトイレを利用できるよう衛生環境を改善し、ずっと管理していけるようにしよう

■目標 7. エネルギーをみんなに　そしてクリーンに
すべての人が、安くて安定した持続可能な近代的エネルギーを利用できるようにしよう

■目標 8. 働きがいも経済成長も
誰も取り残さないで持続可能な経済成長を促進し、すべての人が生産的で働きがいのある人間らしい仕事に就くことができるようにしよう

■目標 9. 産業と技術革新の基盤をつくろう
災害に強いインフラを作り、持続可能な形で産業を発展させイノベーションを推進していこう

■目標 10. 人や国の不平等をなくそう
国内及び国家間の不平等を見直そう

■目標 11. 住み続けられるまちづくりを
安全で災害に強く、持続可能な都市及び居住環境を実現しよう

■目標 12. つくる責任　つかう責任
持続可能な方法で生産し、消費する取り組みを進めていこう

■目標 13.気候変動に具体的な対策を

気候変動及びその影響を軽減するための緊急対策を講じよう

■目標 14.海の豊かさを守ろう

持続可能な開発のために海洋資源を保全し、持続可能な形で利用しよう

■目標 15. 陸の豊かさも守ろう

陸上の生態系や森林の保護・回復と持続可能な利用を推進し、砂漠化と土地の劣化に対処し、生物多様性の損失を阻止しよう

■目標 16. 平和と公正をすべての人に

持続可能な開発のための平和的で誰も置き去りにしない社会を促進し、すべての人が法や制度で守られる社会を構築しよう

■目標 17. パートナーシップで目標を達成しよう

目標の達成のために必要な手段を強化し、持続可能な開発にむけて世界のみんなで協力しよう

※上記は、「私たちがつくる持続可能な世界」（持続可能な開発目標（SDGs）に関する副教材作成のための協力者会議）がわかりやすく意訳したものを引用しています。https://www.mofa.go.jp/mofaj/gaiko/oda/sdgs/pdf/sdgs_navi_2022.pdf

❹ SDGsを5つのPで捉える

SDGsの17のゴールは、次ページに示すように、人間（People）、豊かさ（Prosperity）、地球（Planet）、平和（Peace）、パートナーシップ（Partnership）という5つの「P」の視点で捉えるとわかりやすくなります。

このように見てみると、SDGsは単なる環境保護活動ではないことがあらためて理解できるのではないでしょうか。つまり、環境保護・保全に関連する「地球」という視点だけではなく、「人間」「豊かさ」「平和」「パートナーシップ」という視点で社会を捉え、よりよくしていくことが求められているのです。

したがって、保育でSDGsを実践するとき、単に自然と触れ合う活動をしていればよいというのは大きな誤解です。保育でのSDGsは自然との関わりだけでなく、あらゆることに関係してくるのです。

SDGsのもうひとつの捉え方「5つのP」

1. 人間 Ⓟeople

2. 豊かさ Ⓟrosperity

3. 地球 Ⓟlanet

4. 平和 Ⓟeace

5. パートナーシップ Ⓟartnership

出典：SDG SERVICES（https://www.sdg.services/principles.html）を参考に筆者作成

3. なぜ保育がSDGsと関係があるのか？

❶ 思いの根っこを育む乳幼児期

　ここまでSDGsの概要を説明してきましたが、SDGsをゴールとして掲げるだけでは問題は解決されません。行動に結びつくことが大切です。それに、「やれといわれたからやる」「やることが決まっているからやる」「はやりだからやる」というのでは、長続きせず、持続可能な取り組みではなくなってしまいます。「必要だと思うからする」「したくてする」「するのが当然だからする」という状態を目標にすることが大切です。

　たとえば、「禁止されているから差別をしない」「差別をしたら罰せられるからしない」ではなく、「人は平等だと思っているから差別をしない」「差別をされる人の気持ちが想像できるからしない」というほうが本質的です。そういう考えであれば、誰も見ていなくても差別をしないでしょう。最近では、ウェブ上での誹謗中傷やヘイトスピーチが目立ちます。匿名だからなにをしてもよいのではなく、匿名であっても倫理観を持つと同時に、自分の行動がどのような影響を与えるかという想像力を持って行動することが大切になるはずです。

　それゆえ、倫理観や想像力を持って行動ができるようになるために、教育の重要性が増してきます。とくに乳幼児期は、倫理観や想像力、感性を育む基盤となる時期だからこそ、丁寧にその芽生えを育み、しっかりとした土台をつくることが大切です。この積み重ねが、持続可能な社会の創り手・担い手として子どもが成長し、活躍することにつながります。

　たとえば、保育者としては子どもに咲いたばかりの花をちぎってほしくないと思うでしょう。そんなとき「ちぎってはいけない」というルールがあるからちぎらないでほしいのか、花が育ってきたプロセスに想像力を働かせたり、美しいと思うからちぎらないでほしいのか、どちらでしょうか。「ちぎらない」という行為は同じでも、背景にある思いが重要であり、それらの基礎を育むのが乳幼児期なのです。つまり、「SDGsだから○○をする」「○○をしない」ということではなく、思いや行動の根っこを育むことが大切になるのです。

❷ 大切なのは「どのように進めるか」

　最近、活動をベースとしたSDGs"的"な保育が目立っているように感じます。「野菜を育てよう」「たい肥づくりをしよう」「ペットボトルキャップを集めよう」といった活動が、「○○をしていればSDGsだ」という理由で行われているとしたら、それはSDGs"的"な活動のように思います。そうした活動そのものが悪いわけではありませんが、そこに至るプロセスが問われるように思うのです。つまり、なぜそれをするのか、どのようにしてそれをするに至ったのか、そこに至る子どもの興味や関わりはどうだったのかを見つめる必要があります。

　「○○をしていればSDGsだ」では、本質的な意味で持続可能な社会の創り手を育んでいることにはなりません。なにをするかではなく、どう進めるかが問われるべきで、ものごとへの向き合い方や価値観を育むような保育のあり方が問われます。

　私たち保育者は、この使命を本当に理解しているでしょうか。SDGsの実現のために、私たち保育者にしかできないことがあります。それは、人の基盤となる乳幼児期に関わり、持続可能な社会の創り手としての基礎を培うことです。保育を通じてSDGsの実現を目指すのは、保育者が担う大きな使命なのです。

　では、どのように保育を進めていけばよいのでしょうか。それを示すのが、本書のテーマでもある幼児期のESDです。

自然に触れて思いを馳せる

第2章

ESDとはなにか

1. 教育はSDGs達成の鍵を握る

ESDの実践を進めるには、まずESDを理解することが大切です。ここでは、ESDとはなにかを整理していきたいと思います。

SDGsの17のゴールの中には、教育に関するゴールがあります。それは「質の高い教育をみんなに」と示され、「全ての人が受けられる公正で質の高い教育の完全普及を達成し、生涯にわたって学習できる機会を増やそう」と掲げられています。そして、以下のように7つのターゲットが示されています。

4-1 2030年までに、男の子も女の子も、すべての子どもが、しっかり学ぶことのできる、公平で質の高い教育を無料で受け、小学校と中学校を卒業できるようにする。

4-2 2030年までに、すべての子どもが、幼稚園や保育園にかよったりして、小学校にあがるための準備ができるようにする。

4-3 2030年までに、すべての人が、男女の区別なく、無理なく払える費用で、技術や職業に関する教育や、大学をふくめた高等教育を受けられるようにする。

4-4 2030年までに、はたらきがいのある人間らしい仕事についたり、

新しく会社をおこしたりできるように、仕事に関係する技術や能力をそなえた若者やおとなをたくさん増やす。

4-5 2030年までに、<u>教育のなかでの男女の差別をなくす。障がいがあったり、先住民族だったり、特にきびしいくらしを強いられている子どもでも、あらゆる段階の教育や、職業訓練を受けることができるようにする。</u>

4-6 2030年までに、すべての若者や大半のおとなが、男女ともに、読み書きや計算ができるようにする。

4-7 2030年までに、<u>教育を受けるすべての人が、持続可能な社会をつくっていくために必要な知識や技術を身につけられるようにする。そのために、たとえば、持続可能な社会をつくるための教育や、持続可能な生活のしかた、人権や男女の平等、平和や暴力を使わないこと、世界市民としての意識、さまざまな文化があることなどを理解できる教育をすすめる。</u>

出典：日本ユニセフ協会「SDGs CLUB」の「4.質の高い教育をみんなに」
https://www.unicef.or.jp/kodomo/sdgs/17goals/4-education/
※下線筆者（保育者が直接的に関わるであろう部分）

　下線部を見ると、性別や障がいの有無を問わず、あらゆる状況にある子どもに教育を提供することが求められているのがわかります。そして、その質を高め、持続可能な社会の創り手として必要となる知識や技術、態度を育んでいくことが求められているのです。

　SDGsの17のゴールの中でも、<u>教育に関するゴールは、すべてのゴールの実現に寄与する</u>といわれています（2017年国連総会）。人々が意識や行動、ライフスタイルを変えるのは簡単ではありません。長年積み重ねてきたものが変わるには、知ることや理解すること、考えることが必要です。その大きな鍵を握るのが教育なのです。

　その中でも、価値観や倫理観、習慣の基盤をつくる乳幼児期は、「鉄は熱いうちに打て」のごとく大きな可能性を秘めています。子どもたちは、大人よりも柔軟に社会を見据え、意識や行動の変化につながりやすいといえるでしょう。そういった世代が、さらに次の世代を教育するからこそ、持続可能な社会

に向けた連鎖が生まれるわけです。SDGsの実現は、何世代にもわたって取り組んでいかなりればならない問題だからこそ、教育が重要な鍵を握るのです。

2. SDGsとESD

次に、SDGsとESDの関わりを見てみましょう。

実は、ESD（Education for Sustainable Development）という言葉は、SDGsよりも前に生まれています。SDGsが国連で採択された2015年よりも前の2002年に、日本が世界首脳会議で提唱し、その年の国連総会でESDの推進が位置づけられたのです。日本が世界に提唱したという点に、私たちは大きな意味を感じずにはいられません。ESDは、「地球規模の課題を自分事として捉え、その解決に向けて自ら行動を起こす力を身に付けるための教育」（「持続可能な開発のための教育（ESD）推進の手引」）です。これは、知識や技能を授ける教育ではなく、子どもたちの行動変容を目的とした教育といえるでしょう。具体的には、次のような力を身につける教育と捉えるとわかりやすいかもしれません。

- 自分の行動は、現在だけでなく将来にも影響を与えることを理解する。
- 自分の行動は、社会・文化的、経済的、環境的にも影響を与えることを理解する。
- 地元だけでなく、国家、地球レベルで考え、行動できる力を育む。

このような力を身につけるために、子どもたちが身近なところから行動を始め、学びを実生活や社会の変容へとつなげることを目指しています。

大切なのは、ESDもSDGsと同じように自然環境の保護・保全だけを目的にしているわけではなく、経済、社会といった視点も含まれている点です。保育にSDGsやESDを取り入れる際、「自然環境と関わる活動をしていればよい」など自然環境と関わる活動に偏っているのは大きな誤解だと先に述べたのは、このような視点から来ているわけです。

なお、「持続可能な開発のための教育」と訳されるESDに対して、「開発」こそが「持続不可能」な社会につながる原因なのではといった指摘もあります。

虫について知ろうとする姿

園の近くの神社を探索

そこで、Developmentを入れず、EfS（持続可能性のための教育：Education for Sustainability）という言葉や考え方のもとに進めている国などもあります。

3. 乳幼児期から始まるESD

　ESDは、小学校以降から始まるイメージを持っている人も多いかもしれません。ESDに関する書籍のほとんどが小学生以上を対象にしていることも影響していると思います。しかし、ESDは乳幼児期から始まります。2014年、ユネスコも「保育は持続可能な発展の基礎であり、ESDの出発点である」[1]と示すと同時に、「保育をESDに再方向づけするには、就学前教育の場だけでなく、生まれたときから家庭やコミュニティで開始されなければならない」[2]と示しています。

　なぜ、ESDは乳幼児期から始まるのでしょうか。先述した通り、「差別をしてはいけない」というルールがあるから差別をしないのではなく、「人には違いがあって当たり前で、違いは優劣ではない」という思いが根づいているから差別をしないとか、「差別される側の気持ちがわかるから差別をしない」というほうが本質的です。それらはまさに、価値観や倫理観の問題です。だからこ

※1　ECCE（Early Childhood Care and Education）is the foundation for sustainable development and the beginning point for ESD.
※2　Reorienting ECCE towards ESD must begin from birth,and not only through preprimary school settings, but also in the home and wider community.

そ、人格の基礎が育まれる乳幼児期からのESDが大切になるのです。

よく見られる
男女のシンボルマーク

　たとえば、幼児期の子どもたちに、「警察官ってどんな人がなれると思う？」と尋ねてみると、「男の人がなれる」と答える子どもが少なからずいるでしょう。女性警察官もいるのに、なぜこのような答えがでてくるのでしょうか。それは、女性警察官に会ったことがないからかもしれませんが、それと同時に、強くて勇敢な警察官は男性の職業だという先入観が、幼児期の子どもたちにすでに生まれているからではないでしょうか。

　このような先入観は、アンコンシャス・バイアス（unconscious bias）といわれ、無意識の偏見のことを指します。「看護師さんは女性の職業だ」とか「男の子はブルーで女の子はピンク」といったことも当てはまり、保育現場でも数多く潜んでいそうです。そして、無意識の偏見は、その後の差別意識にもつながっていきかねません。

　だからこそ、乳幼児期からのESDが重要となります。2017年に改訂された幼稚園教育要領にも、ESDに関する記述が加わりました。

> 　これからの幼稚園には、（略）一人一人の幼児が、将来、自分のよさや可能性を認識するとともに、あらゆる他者を価値のある存在として尊重し、多様な人々と協働しながら様々な社会的変化を乗り越え、豊かな人生を切り拓き、**持続可能な社会の創り手**となることができるようにするための基礎を培うことが求められる。
>
> （下線筆者）

　これはまさにESDを示しています。こうした記述は、いまは幼稚園教育要領のみですが、ESDは保育所や認定こども園でも同じように大切です。

　しかし、ESDという言葉を知っている保育者はまだまだ多くありません。実際にどれほどの保育者がESD

子どもたちの話し合いの様子

を意識して保育を実践しているでしょうか。実は、これは日本だけでなく世界的な問題でもあり、ユネスコも「保育者には保育活動に ESD を取り入れる力が不足している」(2014)と指摘しています※3。

4. ESD ではなにを育むのか?

　ESD は、子どもたちのなにを育もうとするものなのでしょうか。文部科学省の手引き等※4 を参考にひも解いてみると、ESD では次の点を身につけることが重要になると示されています。

- ■ **持続可能な社会づくりに関わる課題を見出す力**
- ■ **それらを解決するために必要な能力・態度**

　それでは、この2点について詳しく見てみましょう。

❶ 持続可能な社会づくりに関わる課題

　「持続可能な社会づくりに関わる課題」を見出すには、「持続可能な社会」とはなにかを明らかにする必要があります。なぜなら「持続可能な社会」のイメージがあいまいなままでは、なにが問題なのかが見えてこないからです。「持続可能な社会」は、多様性、相互性、有限性、公平性、連携性、責任性の要素で成り立つとされています(図表4)。

　このような視点で社会を眺めてみたときに、持続可能な社会づくりに関わる課題に気づくはずです。「いろいろあるはずなのに、いろいろが許されていない(多様性)」や「関わり合っているはずなのに、それが無視・軽視されている(相互性)」といった問題や課題は、子どもたちの周りにもたくさんあります。

※3　ECCE educators / primary care-givers lack capacity to incorporate ESD into their teaching / care-giving activities.
※4　「持続可能な開発のための教育(ESD)推進の手引」(文部科学省、2021年5月改訂)および「学校における持続可能な開発のための教育(ESD)に関する研究［最終報告書］」(国立教育政策研究所、2012年3月)。

図表4　持続可能な社会を成り立たせるための必要な要素

要素	意味	内容
多様性	いろいろある	● 世の中には多種多様な人種や考え方、価値観、生物などの違いがある。 ● そうした違いや多様性を尊重し、多面的に考える必要がある。
相互性	関わり合っている	● 自然、文化、社会、経済は、さまざまな事柄が相互に関わり合っている。 ● それぞれのつながりや関わり合いを知ることが大切となる。
有限性	限りがある	● 地球上の資源やエネルギーには限りがあり大切に使う必要がある。 ● 限りある資源に支えられる社会の発展には限界がある。
公平性	一人ひとりを大切に	● 持続可能な社会は、公平・公正・平等であることが基盤になる。 ● どの国や地域、世代でも人権や生命が尊重され、権利の保障や恩恵を受けられる必要がある。
連携性	力を合わせて	● さまざまな人や国、地域の連携・協力が不可欠である。 ● 意見や立場が異なる場合でも、互いに協力して解決していくことが重要である。
責任性	責任を持って	● 持続可能な社会をつくるには、他人任せにせず自ら進んで行動することが必要である。 ● 望ましい将来像に対する責任あるビジョンを持つことが大切となる。

出典：環境省「ESD って何だろう?」　http://eco.env.go.jp/common/files/whatesd.pdfを参考に筆者作成

❷ 課題を解決するために必要な能力・態度

　課題を見つけることができたら、次はそれらを解決していくことが求められます。その際に必要とされる能力・態度はどのようなものでしょうか。それは批判的に考える力や未来像を予測して計画を立てる力など、図表5に示すものがあげられています。

　ESDでは、こうした課題を見出す力やそれらを解決する能力・態度を育んでいきましょうということなのです。

図表5　問題解決に必要な能力・態度

必要な態度・能力	内容
批判的に考える力	● 友だちの意見や情報を、自分なりによく考えて取り入れる。 ● 積極的により良い方法を考える。
未来像を予測して計画を立てる力	● 見通しや目的意識をもって計画を立てる。 ● 他者がどのように受け取るかを想像しながら計画を立てる。
多面的・総合的に考える力	● 同じものごとでも別の視点から考える。 ● さまざまなものごとを関連づけて考える。
コミュニケーションを行う力	● 自分の気持ちや考えをわかりやすく伝えたり、積極的にコミュニケーションをとる。 ● 相手の気持ちや考えを尊重し、取り入れたりする。
他者と協力する態度	● 相手の考えや行動に共感したり、相手の立場を考えて行動する。 ● 仲間を励ましたり協力しながらものごとを進めようとする。
つながりを尊重する態度	● 自分がさまざまなものごととつながっていることに関心を持つ。 ● つながりや関わりを尊重し、大切にする。
進んで参加する態度	● 社会や集団における自分の発言や行動に責任を持つ。 ● ものごとに自主的・主体的に参加しようとする。

出典：環境省「ESDって何だろう？」　http://eco.env.go.jp/common/files/whatesd.pdfを参考に筆者作成

実物と図鑑を比較して調べているところ

自分の考えを表現する姿

第 3 章

幼児期のESDとはなにか

1. 保育におけるSDGs・ESDの問題点

　ESDでは前述のような能力・態度を育むことが求められるのですが、幼児期のESDはどのように進めていく必要があるのでしょうか。保育で行われているSDGs"的"な活動には、以下のような誤解があるように思います。

- ■ SDGsは自然環境を大切にする取り組みだ。
- ■ 自然と関わる活動をやっていればSDGsだ。
- ■ 園でリサイクルをしたり残食をなくしたりといった、SDGsに関する活動をしていればよい。
- ■ もともと自然との関わりを大切にしてきた日本の保育は、すでにSDGsだ（だからこれまで通りでよい）。

　保育におけるSDGs活動を紹介する書籍や雑誌なども増えていますが、それらの一部は「なにをすればよいか」に焦点を当てているように感じます。大切なのは、「なにをするか」ではなく「なぜするのか？」「どのようにするか？」です。つまり、プロセスが大事になるのですが、現在、国が示しているESDに関する手引き等では小学校以降の記述がほとんどで、幼児期については書かれていません。
　幼児期のESDの進め方がわからない状態のまま、SDGsブームのなかで、「○○をする」「○○をすればよい」といった活動ベースのESDが先行しているとしたら残念なことです。ユネスコが「保育者には保育活動にESDを取り入れ

る力が不足している」と表現しているのは、こうしたことと無関係でないように思います。

　このような状況を改善していくには、私たち保育者が幼児期におけるESDとはなにか、どのように進めるのかを知ることが大切です。

2. ESDはこれまでの保育となにが違うのか

❶ ESDのわかりづらさ

　みなさんの中には、ESDにモヤモヤ感を持つ人もいるのではないでしょうか。それは、「これまでの保育となにが違うの？」という点です。もし違いがないとするならば、これまでの保育を変える必要はないわけです。

　従来の保育でも、自然環境との関わりが大切にされてきました。先に示したような「批判的に考える力」「未来像を予測して計画を立てる力」「多面的、総合的に考える力」「コミュニケーションを行う力」なども、表現は違えども幼児期なりのあり方として、これまでも意識されてきたはずです。

　このように、幼児期のESDとはなにか、なにがこれまでの保育と違うのかということがわかりにくいからこそ、誤解が生まれているように思います。

❷ 大切なのはコミュニティづくり

　保育では、人と人との関わりの中で「個」の育ちに注目していきます。

　しかし、持続可能な社会をつくるためのESDは、「個」の視点ではなく、クラス経営や「コミュニティづくり」という視点で捉えると、これまでと別の見方ができるのではないでしょうか。つまり、保育の場（園やクラス）そのものが、持続可能性を実現しようとする共同体になるということです。

　私たち人類は「宇宙船地球号」という一つの乗り物に乗っています。SDGsは、これから先もこの船に乗り続けられるよう、持続可能な社会をつくっていこうとするものです。そしてESDとは、乗組員として持続可能な社会の実現に向けた行動が取れることを目指す教育だといえます。このとき幼児期の

自分の住むまちに興味を持ち
地図で表そうとする姿

廃棄する野菜から紙をつくろうとする姿

ESDにはなにが求められるのでしょうか。

　子どもたちにとって、園やクラスは社会の縮図であり、そこで培われた態度や行動は、その後のより大きなコミュニティで生きる際の基盤となります。だからこそ、子どもたちが園やクラスというコミュニティに主体的に関わることで、自分に責任や影響力があることを自覚し、より大きなコミュニティで、さらには地球規模の視点においても主体性を発揮できる存在になるのではないでしょうか。子どもたちが、クラスや園を超えて保護者や地域・社会とつながり、世界ともつながることで、より大きな存在を身近に感じ、社会を自分ごと化していく素地ができあがっていくように思います。

　本書では、持続可能な社会の縮図としてのコミュニティを「持続可能性に向かうコミュニティ」と表現し、保育におけるESDを「持続可能性に向かうコミュニティづくり」と捉えます。つまり、園やクラスを「持続可能性に向かうコミュニティ」に醸成していきましょうという提言です。ESDは「地球規模の課題を自分事として捉え、その解決に向けて自ら行動を起こす力を身に付けるための教育」ですから、子どもたちが過ごすその場所（園やクラス）で起こる出来事を自分ごととして捉え、行動しあうコミュニティづくりをしていきましょうということです。

❸「教える」から「ともに学ぶパートナーシップ」へ

　「持続可能性に向かうコミュニティづくり」は、どのように進めていけばよいのでしょうか。持続可能な社会づくりで大切になるのは、「多様性」「公平性」

「連携性」「責任性」などの視点です。子どもたちはこれらをどのように身につけていくのでしょうか。

　これらの視点は、大人から一方的にその必要性を説かれて身につくものではありません。子どもたちが、教えられる存在としてではなく、主体的で有能な学び手として学ぶからこそ、身についていくように思います。

　しかし、これまでの保育は、様々なことを理解している大人が、まだわかっていない子どもを教え育むという、タテの関係性が強かったかもしれません。持続可能性に向かうコミュニティづくりにおいては、保育者と子どもが一体となって考えて進めるヨコの関係性が求められます。つまり、保育者もコミュニティの主体的な一員として、ともに学び、ともにコミュニティをつくりあげる存在なのです。

　大人と子どもがヨコの関係であるとは、どのようなことでしょうか。それには、まずタテの関係について考えることでわかりやすくなります。大人と子どもがタテの関係であるとき、保育の活動は大人が決めて、それに子どもが参加する形式を取ることが多くなります。すでに答えややり方を知っている大人が、教えたり、示唆したり、助言したりする関係性です。決まりごとやルールも大人が決め、子どもはそれに従います。

　一方、大人と子どもがヨコの関係であるときは、なにをするかについて子どもが意見をいえたり、大人と子どもが一緒になって決めたりするはずです。そのため、大人もわからないことや経験したことがないようなことも保育の活動として取り組んだりして、ともに探究する姿が現れるのではないでしょうか。クラスでの決まりごとやルールも、大人が一方的に決めるのではなく、子どもと話し合ったり、子どもたちで決めたりするでしょう。

　つまり、ヨコの関係とは、パートナーシップ関係であるといえます。これは、お互いが主体的かつ対等な関係で、共通の目的に向かったり、成し遂げようとする関係性です。このように、幼児期のESDは、保育者と子どもがパートナーシップ（対等な関係）を築き、持続可能な社会に向けてとも

自分の意見を伝えようとする様子

わからないことを触って確かめる（ねばねばの実験）

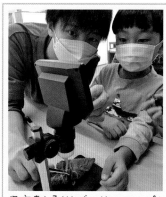
保育者と子どもがマイクロスコープを
使ってともに探究

に歩む「コミュニティづくり」といえます。ここでは、保育者と子どもがヨコの関係で身のまわりのものごとに向き合い、探究していくことが大切になるのです。こうしたプロセスを通して、子どもはまさに持続可能な社会の創り手として成長していくのではないでしょうか。

　以上のことから、SDGsは「自然環境に関わっていればよい」「〇〇の活動をすればよい」といった活動ベースでは物足りないことが見えてくるはずです。

　なお本書では、なにをするかを大人が決めて子どもがそれに加わることを「参加」といい、なにをするかは子どもが決めたり、決める場所に子どもが立ち会ったりすることを「参画」と表現します。この違いはESDを考えるうえでとても大切な要素になります。

3. 子どもの「参画」とはなにか

❶「参加」と「参画」の違い

　「参加」と「参画」の違いについて掘り下げて考えていきましょう。「参加」は、なにをするかを保育者が決めて、子どもがそれに関わることを意味します。これは、保育者と子どもがタテの関係にあるといえます。

　一方の「参画」は、なにをするかを子どもが決める、または決めるプロセス

に子どもも関わっていることを指します。このとき、保育者と子どもはタテではなくヨコの関係にあるといえ、パートナーシップにもつながります。

　たとえば、自然環境に関わる活動を行う場合、なにからなにまで保育者が一方的に決めてしまっては、自分ごと化しにくくなります。ESDでは自分ごと化を大切にしたいため、子ども自身がなにをするかを決めたり、決めるプロセスに関わることが重要です。そうすることで子どもは活動に意義を見出すことができ、それが持続可能性に向かうコミュニティづくりにもつながります。だからこそ、子どもが意思決定に「参画」していくことが重要であり、保育者は子どもが「参画」できるように活動をデザインしていく必要があるのです。

❷ 子どもの「参画」が高まるようデザインする

　参画は、次のような段階を意識するとわかりやすくなります（図表6）。

図表6　子どもの参画の段階

第5段階	子どもたちは意思決定をすることができ、責任を共有している
第4段階	子どもたちは意思決定の過程に関わっている
第3段階	子どもたちの考えが取り入れられる
第2段階	子どもたちは自分の考えを表現するのに支援を受けることができる
第1段階	子どもたちは大人から傾聴される存在である

出典：Shier, Harry, Pathways to participation : opening, opportunities and obligations. no.15(2), p.110. Children & Society, 2001をもとに筆者作成

第1段階

　子どもたちは、自分たちの意見をしっかりと保育者から傾聴されます。保育者が一方的に話したり、子どもの発言をさえぎったりするのではなく、子どもの言葉に耳を傾けることが大切です。なにげない言葉の一つひとつに、子どもの思いや気づき、発見が表れているはずです。保育者として、そうした発言を尊重し、大切に扱っていく必要があります。

第2段階

　子どもたちは、自分の考えを表現するための支援を受けられるというもので

す。幼児期は言葉を獲得していく時期ですから、話すことに自信のない子どもや、うまく考えをまとめられない子どももいて当然です。そのような子どもでも自分の考えを表す機会を奪われないように保育者が支援します。たとえば、「それってこういうこと？」と伝わりやすく言い換えたり、「先生だけにそっと教えてくれる？」といって表現をサポートしたりします。様々な場面での発言にも耳を傾け、「○○さん、この前、○○っていってたよね？」と拾い上げることもできるでしょう。つまり、どの子どもも自分の考えを表現する機会があるということです。

第3段階

　子どもたちが自分の考えを表現することが保障されたとしたら、次は子どもたちの考えが保育活動などに取り入れられるという段階です。保育をデザインしていくのは保育者の大切な役割ですが、保育者が一方的に決めてしまうのではなく、そこに子どもの意見が取り入れられることが大切です。なにをするか、どこに行くか、いつやるか、誰がやるか、誰とやるか、どんな環境を用意するかといった点において、子どもたちの考えが取り入れられるということです。それによって子どもたちの参画の度合いが高まり、活動の自分ごと化につながるでしょう。

第4段階

　さらなる段階としては、子どもが意思決定の過程に関わっていることです。子どもの意見が取り入れられるとしても、職員室や保育者の頭の中など、子どもの知らないところで取り入れられることもあるでしょう。しかし、第4段階では、なにかを決めるときに、子どもがいる場で決めていきます。決まっていく過程に子どもたちが立ち会い、関わるからこそ、よりいっそう「自分たちで決めた」「自分たちが決めた」という思いが強くなります。

　ただし、保育者には、保育活動を子どもの成長に価値のあるものへとデザインする責任があります。子どもの意見をすべて取り入れて活動を構成したとしても、必ずしも価値のある活動になるとは限りません。そこには専門家としての判断が必要であり、保育者の思い（ねらい）もふまえて活動をデザインする必要があります。ですので、子どもがいる場で意思決定をしつつも、その場をファシリテートしていくことが大切になります。

第5段階

　子どもたちが意思決定でき、責任を共有する段階になります。なにをするかを子どもが決めるということです。子ども自身で決めるということは、その後の主体的な行動につながります。しかし、意思決定には結果が伴います。保育者からすると、「それをやってもうまくいかないのに」と結果が見えていることもあるでしょう。ただ、ここでいう「責任を共有する」というのは、たとえうまくいかなかったとしても、子ども自身がその結果を受け止め、引き受けることを意味します。それらはけっして「失敗」ではなく、あくまでも「うまくいかなかった」ということにすぎません。だからこそ、その際に「なぜうまくいかなかったのか？」を考えることが大切です。考えることでさらに自分ごと化できるとともに、「ではどうしたらいいか？」と次への構想にもつながっていきます。

　子どもの参画が保障されると、子どもは自らが意思決定の主体であることを体得していきます。そして、自身の決定や行動が他者に影響を与えることを知り、身近なところから行動を始め、学びを実生活や社会の変容へとつなげていきます。

　ただし、常に上の段階の参画を目指すことが望ましいわけではありません。子どもの様子や活動の内容・場面に応じて、保育者は適切な参画のあり方を考えることが重要です。いつも第5段階にあるという状況では、放任的な保育になりかねません。園や大人のほうに現実的な制約や事情もあることでしょう。保育者として、今この場面ではどのような参画が適しているかを考えながら、活動をデザインしていきましょう。

❸ 形だけの「参画」に要注意

　子どもたちが参画する以前の姿として、次のような“形だけの参画”があることも指摘されており、このようにならないよう注意が必要です。

- **沈黙：大人も子ども自身も、子どもが意思決定に貢献できるとは考えておらず、大人が主導して意思決定し、子どもは沈黙している。**
- **操作：子ども主導であるかのように、大人が子どもの主張を利用している。**

■ 装飾：大人が自らの主張を強化するために、子どもを利用している。
■ 見せかけ：大人が子どもに選択肢を与えているように見えるが、実際には
　　まったく選択肢がない。

　たとえば、入園式や卒園式で子どもたちがそろってメッセージを発する場面
は、一見、子どもが「参画」しているように思うかもしれませんが、メッセー
ジ内容やその表現方法をすべて保育者が考えているとしたら、子どもは操作や
装飾の状態にあるといえるでしょう。それは、子どもたちが自分で考えたり試
行錯誤したり学んだりするチャンスを奪ってしまっていることになります。

❹ 子どもは権利を持っている

　「本当に子どもが意思決定できるの？」と疑う大人もいるかもしれません。多
くの大人は、「自分の意見が合っているか」「周りの人にどう思われるか」など、
他者の視線を気にして、いつのまにか自分の意見や考えをいわなくなっている
のではないでしょうか。しかし、意見や考えの表現がいつも推奨され、どんな
内容であっても否定されることがなければ、どんどん表現し対話していくことで
しょう。子どもたちも同様です。子どもたちがものごとにしっかりと関わり、対
話したり情報を得たりするプロセスに関わることができてこそ、子どもは意思決
定の主体になれるのです。そうしたプロセスへの関わりの経験がまったくないま
まに、いきなり「どうする」「どう思う」と問われても、大人だって戸惑うはずです。
　つまり、子どもたちの「参画」が可能となるためには、子どもが意見や考え
を持っている存在で、それを表す権利を持っていることを、保育者の側が理解
していることが大前提です。子どもを保護の対象としてだけではなく、意思決
定や権利の主体者として見ていく必要があります。これは、子どもの権利条約
やこども基本法でも掲げられている参画（participation）する権利につながりま
す。このように、子どもが自分の意見や考えを表現することを推奨され、否定
や評価されたりせずに聴いてもらえる環境づくりが大切になるのです。
　もし保育者の側が、子どもの能力を信じることなく、「参画」について真剣
に考えることがなければ、形だけの「参画」になったり、保育者が決めて子ど
もが関わる「参加」にとどまってしまうことでしょう。

ESDでは、子どもたちが自分が属するコミュニティにおいて、ものごとを自分ごと化し「参画」していくことが大切であり、その経験こそが社会の一員として主体的に行動しようとするシティズンシップ（市民性）にもつながり、持続可能な社会の創り手へとつながっていくのです。こういった「参画」の様子は、第Ⅱ部で紹介する4つの事例に共通して見られると思います。

4. つながろうとする態度を育み、つながりの中で育てる

❶ ともに探究する共同体

保育は環境を通して行うことが基本です。ここでいう環境とは、「ひと・もの・こと・場所」が含まれます。そのため、子どもたちがこれらと豊かにつながっていくことが大切です。それは、子どもが身近な「ひと・もの・こと・場所」の存在に気づき、関わりを深め、主体的に関わることを意味しています。

人とつながるという点では、前述のパートナーシップという点とも共通します。つまり、ものごとに向き合うとき、保護者や地域住民、地域の職業人、あるいは、小学生や中学生といった年上の子どもたちともつながっていきましょうということです。教え／教えられるタテの関係ではなく、ともに探究する共同体としてあることが、まさに持続可能な社会に向けたコミュニティづくりにつながります。

様々な他者と関わって問題を解決していこうとするプロセスを通して、子どもたちは社会的存在へと成長していくことになります。そして、問題解決の主体者として自覚していくのではないでしょうか。問題に出会ったとき、誰かが解決してくれるのではなく、誰かに答えを教えてもらうのでもなく、自分たちが他者と力を合わせて解決しようとする姿勢が育まれていくのです。

❷ 環境との関わりを深める

だからこそ、保育を園の中で閉じるのではなく、園の外にも開き、様々な人とつながっていくことが大切です。園での子どもたちの生活は社会の縮図で

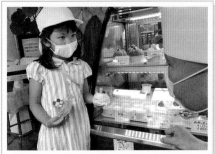

水道に詳しい保護者を招いて話を聞く姿　　近所のケーキ屋さんでお店の人と話す姿

す。そこに様々な人がいることが日常になったら、子どもたちは多様な人との関わりや協働を当たり前にしていくことでしょう。

　子どもたちがなにかに困ったときやなにかを知りたいとき、自分たちで考えるのはもちろん、周りの大人に聞いてみたり、教えてもらったり、一緒に解決しようとしたりする経験は、その後の協働する姿勢の基礎となっていくはずです。

　たとえば、お店屋さんごっこの際に、「もっと本物らしくつくりたい」という声が上がったとします。これを実現（解決）するために、子どもたちが地域の商店街に出向いて見聞きすることで、本物らしくつくることにつながるかもしれません。

　保護者の中には、店舗経営をしていたり、店員をしていたりする人もいるでしょう。そういった保護者を園に招いて話を聞いてみることで、子どもたちの本物への理解が深まるはずです。

　保育を園の中に閉じるのではなく外に向けて開き、様々な人とつながり展開していくことで、子どもたちはより探究的に、より自分ごと化していきます。そのように保育をデザインしていくのは保育者の役割です。様々な人と主体的に関わり協力しあうパートナーシップの経験は、その後、園というコミュニティを超えて拡張し、やがては持続可能な社会につながっていくといえます。

　「ひと」だけでなく、「もの・こと・場所」とのつながりも大切になります。保育では子どもの興味・関心が重要になります。しかし、それらが子どもから湧き出てくるのを待つだけでは、出会ってほしい「もの」や「こと」に出会えるとは限りません。保育者が意図を持ちつつも、様々な出会いがさりげなく生まれるよう保育をデザインしていく必要があるのです。

　それは、「もの・こと・場所」との関わりが深まっていくようなデザインで

す。なぜなら、環境を通した教育としての保育だからこそ、それらの関わりが深まっていくことが、幼児期のESDにおいて重要な点となるからです。

このようにESDを進めるうえでは、「他人、社会、自然環境との関係性の中で生きており、『関わり』『つながり』を尊重できる個人を育むという観点」（日本ユネスコ国内委員会）が重要です。幼児期のESDでは、まさに「つながり」や「つながろうとする」ことが、より求められるのではないでしょうか。

❸ ESDにおける保育者のあり方の重要性

保育者と子どもがパートナーシップ関係の中で、持続可能な社会に向けてともに歩むコミュニティづくりを進める際、保育者にはなにが求められるのでしょうか。この場合、保育者もコミュニティの一員ですので、保育者自身が日常的に（保育の場だけでなく）持続可能性について考え、理解し、行動する一人の大人として存在することが必要になります。

だからこそ重要になるのが、保育者自身がこの社会をどう捉え、日々の生活や環境をどのように感じているのかという保育者のあり方です。いまの生活や見方が当たり前でないことや、様々な境遇にある国や地域・人がいることへの理解、様々な支えによって生かされていることへの感謝も大切になるでしょう。それは、美しい水や空気などの自然環境面だけでなく、人権が尊重されていることや教育を受けられること、仕事があること、健康であること、医療を受けられることなど、様々な方面に広がるはずです。

そのような思いやそれに基づく言動が、子どもとの関わりににじみ出てくるのではないでしょうか。また、保育者として常に持続可能性への関心を持っているからこそ、子どもたちと社会をどのようにつなげられるかを考えることができます。つまり、持続可能性の実現に向かうコミュニティづくりにおいては、保育者自身のあり方が大きく問われるのです。

「SDGsの活動として○○をしよう」「幼児期のESDは○○をすればよい」という活動ベースの考え方では、保育者のあり方に焦点を当てることはできません。そのような活動ベースのSDGsに警鐘を鳴らしたいのは、このようなところも背景にあるのです。

第Ⅱ部

SDGsにつながる
実践事例

本書では、幼児期のESDを、持続可能性の実現に向かう
コミュニティづくりとして提言しています。
第Ⅱ部では、そうした幼児期のESDとしての実践事例を
紹介していきます。

第4章

幼児期のESDとしての
実践事例

　4つの事例を紹介します。事例を通して、持続可能性の実現に向かうコミュニティの中で、子どもたちがどのように身のまわりのものごとと関わり、自分ごと化しているのかを感じてほしいと思います。そして、それらのプロセスを通じて子どもたちが自分の影響力を知り、主体的に行動しようとする姿勢につながっている点を見てみましょう。また、保育者がどのように子どもと関わったり環境を用意したりして、子どもたちと社会をつなげているかを注目してみてください。

　保育の実践だけでなく、小学生が通う学童保育施設での実践も取り上げています。学童保育施設は、学校のように教科や時間割があるわけではないため、自分たちの興味・関心をベースに活動をデザインしやすい環境です。そのため、本書で示すアプローチは、学童保育施設におけるESDとしても有効であると考えています。

レイモンド西淀保育園
鶴田聖奈

PROJECT *1*

ほうれん草をつくりたい

対象：4歳児　　人数：23名　　期間：2021年6月〜2月末（約9か月）

レイモンド西淀保育園（大阪市西淀川区）担任：鶴田聖奈、石井不二恵（園長）

プロジェクト概要

子どもたちがねぎのにおいや野菜のタネの有無に興味を持って試行錯誤する中で、タネから野菜を育ててみたいということになりました。いろんなタネをまいてみるもののうまくいかず、タネまきには適した時期があることを知った子どもたちは、農家さんに話を聞いてみることにしました。その結果、今はほうれん草のタネまきが適していることがわかり、子どもたちのほうれん草栽培が始まりました。子どもたちは、教えてくれた農家さんにほうれん草を送りたいという思いを持ちながら、栽培活動を進めていきました。

第1段階 テーマやトピックを見つける・決める

きっかけは野菜の絵本

水耕栽培をやってみたい

　今回のプロジェクトの芽生えは、3歳児の冬に子どもたちが興味を持った『野菜は生きている』（藤田智監修、岩間史朗写真　ひさかたチャイルド）という絵本でした。その絵本には水耕栽培のことが書かれていて、野菜の切れ端や根っこか

「このねぎくっさ!」

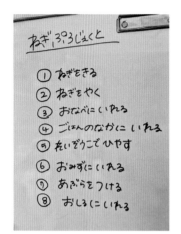
ねぎのにおいを消
すアイデア

焼いたねぎのにおいを調べる

ねぎのにおいをグラフ化

ら新たに芽が出て、どんどん成長していく野菜の写真がたくさん載っていました。その絵本を見て、自分たちも「やってみたい!」と興味を持っていたため、給食室から様々な野菜の根っこをもらい、野菜の水耕栽培を行ってみることにしました。じゃがいも、にんじん、こまつななど、様々な野菜の水耕栽培を行っていく中で、特に生長が見られたねぎを土に植え替え、育てていくことにしたのです。子どもたちは4歳児になっても、「土に入れたらもっと大きくなるんかな?」と期待感を膨らませながら、ねぎの栽培を続けていました。

ねぎのにおいを消すプロジェクト

4歳児の夏のある日、ぐんぐん育っていたねぎの先が折れ曲がっていることに気づいた子どもたち。「かわいそうだからもう抜いてあげよう」という意見が出たため、みんなで収穫することにしました。根の土を落として水洗いしているとき、子どもたちがあることに気づきました。「このねぎくっさ!」。ねぎ特有の強いにおいに子どもたちが大騒ぎし、何度も何度もねぎのにおいを確かめました。

そんな子どもたちの様子を見ていた私は、サークルタイムで「どうしたらこのねぎのにおいが消えるのかな」と問いかけてみました。すると、子どもたちから、ねぎを「切る」「焼く」「鍋に入れる」「ご飯のなかに入れる」「冷蔵庫で冷やす」「水に入れる」「油をつける」「お味噌汁のなかに入れる」といったアイデアが出てきて、「くさいにおいをいいにおいに変えたい!」という探究心から、ねぎのに

おいを消すプロジェクトがスタートしたのです。

　まずは、子どもたちから出た様々なアイデアを実際にやってみました。ねぎを水や油に浸してみたり、切ってみたり、焼いてみたりしました。そして、そのように実験したねぎを並べたり、においを比べてみたりして、感じたにおいを目で見て感じ取れるよう、グラフで表しました。また、保育室の一角に設けたプロジェクトコーナーに実験結果をまとめると、子どもたちはその周辺で様々に対話する様子が見られました。そのようにして子どもたちが満場一致で導き出した結論は、「焼いたねぎはくさくない！」というものでした。

　このねぎのにおいを消すプロジェクトは、1週間ほど盛り上がったのですが、その様子をドキュメンテーションにまとめ、保護者とも共有しました。

タネへの好奇心

　私は、子どもたちの興味・関心が、食べ物や料理に広がっていくとよいなと思い、野菜スタンプの活動を行いました。その際、「先生、ねぎにはタネがないのに、なんでオクラにはタネがあるん？」という声が聞かれました。

　たくさんねぎを観察したことで生まれた新たな疑問について、サークルタイムで話し合ってみました。子どもたちから「ピーマンにはタネがある」「きゅうりにはないと思う」などと、タネの有無について話が広がり、たくさんの野菜の名前があがってきました。そこで、「それぞれお家にある野菜で調べてきて、教え合おう」ということになりました。その後、子どもたちが調べてきたこと

ねぎのにおいを消すプロジェクトのドキュメンテーション

ねぎのにおいを消すプロジェクトコーナー

パプリカのタネを取る

を表にまとめながら、「トマトにはタネあった
よ！」「キャベツにはタネがなかった！」などと
タネの話をしていくうちに、子どもたちの野菜
のタネに対する興味がどんどん深まりをみせて
いったのです。

タネの有無をまとめた表

　私は、そんな子どもたちの興味に合わせて、『た
ねのはなし』（ダイアナ・アストン作、シルビア・
ロング絵、千葉茂樹訳、ほるぷ出版）という絵本
を子どもたちと読みました。すると、「野菜から取
れたタネをそのまま土に植えたらまた芽が出てく
るってこと?!」と期待する姿がありました。そして、
「いろんな野菜のタネを取って植えてみたい！」と、

オクラのタネに気づいた瞬間

今度は栽培への意欲に変わっていったのです。そこで、野菜のタネを給食室から
もらったり、給食で出たスイカのタネを自分たちで大事に保管し、土に植えてみる
ことにしました。給食のご飯を見て「お米もタネじゃない？」と気づいた子どももい
たので、お米も給食室からもらって土に植えてみました。

どうすれば芽が出る？

　植えた様々なタネに毎日水をあげていくうちに、なんとスイカとピーマンか
ら芽が出てきました。しかし、パプリカやお米はどれだけ水をやっても芽は出
てきませんでした。さらに数日後には、スイカとピーマンの芽の生長も止まり
ました。悔しさを感じた子どもたちは、どうすれば芽が出てくるのかをサーク
ルタイムで何度も話し合って考えました。「タネを下のほうに植えてみたらどう
やろ？」「新しい土に替えてあげる？」「人間が食べるご飯をあげてみたらどう？」
など、自分たちなりに野菜が育つ方法を考え、アイデアを出し合いました。

　それらをもとに、あげる水の量を増やしてみたり、日光がよく当たる場所に
置いてみたりと、いろんなことを試してみました。しかし、少しも変化を感じ
られない状況が続いたので、さすがの子どもたちもやる気を失いかけていまし
た。そこで私は、野菜の育て方が記載されている図鑑を見せ、「野菜には芽が
出たり、大きくなるための季節が決まっているみたい」と伝えました。すると、

お米を植えてみる

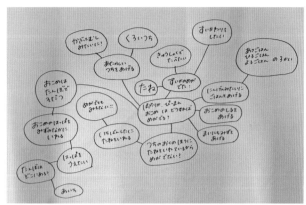
「芽が出るには」と考えたウェブマップ

芽が大きくならないことに納得した子どもたちは、「じゃあ今（8月の終わりごろ）育てられる野菜ってなんだろう？」という新たな疑問を持つようになり、さっそくみんなで調べてみることになりました。そして、「今育てられる野菜を育てたい！」という探究が始まったのです。

第2段階　**探究する**

「ほうれん草を育てよう！」

野菜をつくっている人はどこに

　今育てられる野菜を調べるために様々な図鑑を見てみましたが、子どもたちが納得のいく答えは見つけられませんでした。では、どうすれば今育てられる野菜を知ることができるだろうかと、サークルタイムでさらに話し合っていくと、「野菜ってスーパーに売ってるやんな？」「お店の人に聞いたらいいんかな？」「お店の人がつくってるん？」という発言があり、たどり着いたのは「野菜をつくっている人に聞く」ということでした。

　さらに、「野菜をつくっている人ってどうやったらわかるんだろう？」という話題を深めていくと、「野菜についている値段が書いてるところに、つくってる人の名前が書いてるかも？」という意見があり、実際にお店に売っている野菜のパッケージを確認してみることになりました。

　私は、子どもたちが興味を持っていたかいわれ大根を買ってきて子どもたち

かいわれ大根のパッケージを見ている様子　　地図から産地を探す

に見せ、パッケージに書かれている文字をすべて伝えました。そこに書かれていた「三重県産」「M農園」という言葉を伝えたとき、"みえけん"にハッとした子どもが保育室にある日本地図のパズルを持ってきて、「三重県ってここやん！」と発見しました。野菜パッケージの観察から、子どもたちは野菜が農園というところや様々な場所でつくられていることを知ることができました。

　つくっている人がわかった子どもたちは、「じゃあ、農園に今育てられる野菜を聞いてみようよ！」と、農家さんと話をしてみたいという思いが芽生えました。そこで、私の知り合いに滋賀県の農園で働いている人がいることを子どもたちに伝え、その農家さんにオンライン会議システムを使って話をしてもらうことにしました。農家さんと話ができることを知った子どもたちは、農家さんにも興味を広げていき、「農家さんって仲間いるんかな？」「畑ってどのくらいなん？」「どうやって野菜をお店に運んでるんかな！」と、農家さんとの話に期待が膨らんでいきました。農家さんについて子どもたちが知っていることを尋ねると同時に、どんなことを尋ねてみたいかをあらかじめサークルタイムで話し合い、季節の野菜のほかにも、農家という仕事や野菜の育て方など、様々な質問を洗い出しました。

農家さんとの対話

　いよいよ、農家さんとオンラインで話せる日。農家さんとは事前に、子どもたちがなぜ農園や野菜に興味を持ちはじめたのかを説明し、子どもたちが考えた質問や農家さんから伝えてほしいことについて打ち合わせを行いました。農

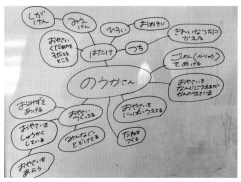
農家さんについて知っていることのウェブマップ

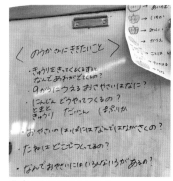
農家さんに聞きたいこと

家さんは、子どもたちがわかりやすいように写真を見せながら話をしてくださり、子どもたちもふだん関わることのない人とのやり取りに緊張を見せながらも、いきいきと農家さんに質問をしたり、初めて聞く話に目を輝かせ、様々な表情でやり取りを楽しむ姿がありました。なお、子どもたちが農家さんに質問しやすいよう、聞きたいことを自分で書いたりして、手元に持っておくようにしました。

　農家さんとの話を終えた後、サークルタイムで振り返りを行いました。聞いたことや答えてもらったことのほかに、初めて知ったことや気づいたこと、農家さんと話ができたうれしさを振り返ったり、共有したりしました。そして、農家さんから、今育てられる野菜に「ほうれん草」があると教えてもらったことを受けて、「ほうれん草を育てよう！」ということになりました。さらに、農家さんのことを知れば知るほど「農家さんって大変！」と感じた子どもたちから、「農家さんにお礼の手紙を書きたい」、ほうれん草を育てたら「農家さんに届けてあげよう！」という意見が出

農家さんとオンラインでつながる

農家さんに質問！

聞きたいことのメモ

農園に関するプロジェクトコーナー

力を合わせて土をを運ぶ

レイモンド西淀農園

芽を観察し、大きさを測る

ました。また、「いっぱいのほうれん草を収穫して、保育園のみんなにも食べてもらいたい！」という意見も出て、こうした思いを持ちながら、栽培活動に取り組むこととなりました。

ほうれん草を育てる

　プランターの整備や土の準備なども、子どもたちと一から準備を行い、ほうれん草のタネをまきました。畑のように並べたプランターには「レイモンド西淀農園」とプレートで示し、自分たちが農家となって野菜を育てていくことになったのです。ほうれん草の育て方についても図鑑で調べ、間引きの時期や肥料についても事前に子どもたちと確認しました。

　ほうれん草の水やりを欠かさず栽培を行っていく中で、葉っぱの枚数の違いや、芽の長さの違いに気づいたりする姿がありました。そこで、じっくりと観察したり、物差しで長さを図ってみたり、気づいたことを共有したりする時間を何度も設けました。

　「収穫できたら、ほうれん草はどうやって食べようか？」という話題になった際、「給食によく出てくるほうれん草のように、納豆和えにして食べたい」という意見が多く出ました。そこで、「保育園にいるみんなで食べるには、ほうれん草はどれくらいいるのかなあ？足りるのかなあ？」と、私からの疑問を伝えると、「確かに…」「給食の先生に聞かないとわからない」という反応です。そこで、実際に「ほうれん草の納豆和え」が給食に出る日、給食の先生に頼んで調理前のほうれん草を見せてもらうことになりました。給食の先生に聞きたいことを事前にサークルタイムで話し合っていたこともあ

り、子どもたちは、使用するほうれん草の量や大きさ、色、重さなど、実際に目で見たり触れたりして、たくさんの気づきを得ていたようでした。

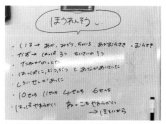

ほうれん草を観察して気づいたこと

「おいしいな！」

給食で使うほうれん草を見た振り返りや、ほうれん草を育てる中での気づきや発見を伝え合うサークルタイムを何度も行う中で、「給食のほうれん草は30センチやった」「きりんぐみ（4歳児クラス）のほうれん草はまだ6センチやで」「ほうれん草は150個ないと、保育園のみんなで食べられへん」などの発言があり、子どもたちはあらためて栽培への意欲と興味が高まっていきました。

給食に使用するほうれん草の量や重さを調べる

ほうれん草がある程度大きくなってきたころ、窮屈になってきている芽を間引きする必要があることを子どもたちに伝え、間引きすることになりました。間引きされたほうれん草を見て、「これ捨てるん？」「もったいない！」と、大切に育ててきた小さな芽を愛おしく思ったり、抜いて捨ててしまうことに悲しさやもったいなさを感じる子どもたちがたくさんいました。そこで、間引きしたほうれん草を食べてみることにしました。実際にほうれん草をゆでてみると、ほうれん草だけでなく、鍋のお湯の色が変化することにも気づきました。育てたほうれん草を初めて食べた子どもたちは、「おいしいな！」と会話を弾ませながら味わったり、「はやくみんなにも食べてもらいたいな！」と収穫への期待感を膨らませたりする姿がありました。

第3段階 探究を振り返り表現する

収穫と紙芝居の発表

農家さんへの感謝

いよいよ収穫の日。給食で使用したほうれん草ほど大きくはならなかったものの、想像以上の量の収穫となりました。子どもたちは収穫したほうれん草を

観察したり、においをかいだりして、喜びに満ちあふれているようでした。

　収穫したほうれん草を前に、「きれいなものを農家さんにプレゼントしよう」と、大きくてきれいなものを選別していく姿が見られました。栽培活動の一番の目的である"農家さんへの感謝の気持ち"を持ち続けていることも、子どもたちの姿から感じられました。子どもたちは、農家さんへの感謝の手紙とともに、選りすぐりのほうれん草を箱づめし、配送の人に無事に届けていただくようお願いをしました。

写真を使って紙芝居をつくる

　配送した残りのほうれん草は園のみんなに食べてもらいたいという思いでしたが、子どもたちは納豆和えにするには量が足りないことを理解していました。そこで、私から「ほうれん草ケーキだったらみんな喜ぶんじゃないかな？」と提案し、給食の先生にお願いしておやつに提供してもらうことにしました。子どもたちはたくさんのほうれん草を誇らしげに給食の先生に届けるとともに、調理室のガラス越しに、自分たちが育てたほうれん草が調理されていく様子を真剣に眺めていました。

　また、きりん組が育てたほうれん草であることを他のクラスの友だちや先生にも伝えようということになりました。「どんなふうに伝える？」と問いかけてみると、「赤ちゃん組さんもわかるようにお話しないとね」と年下の友だちのことを思いやる姿があったので、私から「みんなが好きな紙芝居にしたらいいんじゃないかな？」と提案してみました。すると、「じゃあ、写真を見せてあげたらいいやん！」と、写真を使って誰が見てもわかりやすい紙芝居をつくるというアイデアが出てきました。

収穫したほうれん草

とれたてはどんなにおいかな

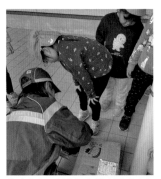
農家さんにほうれん草を届けるため、配送をお願いする子どもたち

そこで、子どもたちと一緒に、自分たちはなにをやってきたのか、きっかけはなんだったのか、なにをどんなふうに育てたのか、いつも食べている野菜は誰が育てているのかなど、子どもたちが学んだことを、撮った写真を使いながらサークルタイムで振り返っていきました。そして、他のクラスの子どもたちに伝えたいことを考えていきました。このようにして子どもたちは、自分たちの学びを振り返りながら、写真を使った紙芝居を完成させ、他のクラスで発表したのです。

ほうれん草が調理される様子を見学

ほうれん草の栽培について伝える

この活動を振り返って

これまで行っていた栽培活動は、栽培することが目的になり、子どもの興味・関心を高められないまま始めてしまったり、じっくり関わる時間をつくれなかったりと、プロセスを大切にできていなかったように思います。しかし、今回の一連の活動は、子どもたちの興味から始まるとともに、そのプロセスにおいても子どものつぶやきを拾って、そのつど活動に取り入れてみたり、子どもたちと何度も振り返ったりする中で、発見や気づき、疑問が次の探究へのきっかけとなり、いつのまにか活動につながりが生まれていました。

また、栽培活動から食育や園外交流、社会とのつながりにも広がっていったため、あらためて子どもの興味を拾い、広げていくことの大切さを感じました。子どもたち自身も、自分たちから生まれた気持ちがベースにあるからこそ、その探究を心底楽しんでいる様子でした。さらに、友だちの意見を取り入れてみたり、自分の意見に共感してもらうことで、言葉でのやりとりを楽しむ姿も見られるようになり、サークルタイムでの対話もより深まるようになりました。

そして、今回の活動で園外の人との関わりを持つことができたことで、社会のしくみや自分が生きていくうえで取り巻く人々の存在にも気がつきました。農家さんを始め、暮らしを支え合う人たちが身近にいることを実感できたように思います。

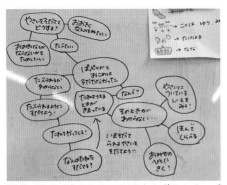
野菜がうまく育たなかった理由を考えたウェブ
マップ

保護者向けのドキュメンテーション

　また、いろんな知識や情報を集めてやってみると、"自分たちにもできる"ということを子どもたちなりに経験したことは、大きな学びになったように思います。

　今まで私が保育者として悩んでいた「大人主体の栽培活動」が、「子どもたちが自分たちで育てたと感じられる栽培活動」に転換していったことは、保育者という自分自身の成長としても実感することができました。

解説

　野菜の栽培活動は、どの園でも盛んに行われている活動です。しかし、なんのためにするのかがあいまいなまま、「やることになっているからやる」というケースも少なくないように思います。しかし、それでは保育者が主導する活動となってしまい、子どもたちの興味・関心が置き去りにされてしまいます。

　SDGsは全世界で持続可能な社会を目指そうとする目標であるため、ESDでは身のまわりのものごとを自分ごと化し、自ら考え行動しようとすることが大切です。そのため、活動への動機づけがなされていなかったり、自分たちの興味・関心に基づいていなければ、いつまでも自分ごと化には至らないでしょう。

　この実践事例では、鶴田さんは子どもたちの声を拾いながら、興味・関心がどこにあるかを探り、それが実現できるような活動を展開しています。具体的には、「どうしたらこのねぎのにおいが消えるのかな？」「保育園にいるみんなで食べるには、ほうれん草は足りるのかな？」と問いかけることで、子どもたちの意見やアイデアを引き出しています。そして、そのようにうながされて出

てきた子どもたちの思いが実現できるような関わりをしています。子どもたちからすると、自分たちのやりたいことだからこそ、うまくいかない壁にぶつかっても「どうしたらうまくできるか?」と粘り強く考えたり、思いついたことをいろいろと試す原動力になっているといえるでしょう。

　わかったことや気づいたことなどを共有する振り返りのサークルタイムも何度も行っています。こうした関わりによって、さらに子どもたちが自ら考え、アイデアを出し、実行するというプロセスが生まれています。

　さらに、そのプロセスの中で子どもたちは、ほうれん草を丁寧に育てるとともに、農家さんや給食の先生、配送屋さん、他のクラスの子どもたちと出会い、人との関わりや社会との関わりを広げていっています。だからこそ、子どもたちの中に、「もったいない」という気持ちや「誰かのために」という感謝や思いやりの気持ちが生まれているように思います。間引きするほうれん草をもったいないと感じる心や、育てたほうれん草の中からきれいなものを農家さんに送ろうとする姿勢、自分たちより小さな子どもたちにもわかるように伝えようとする姿勢は、これまでのプロセスがあったからこそ芽生えたものといえます。他者とのつながりの中で問題を解決しようとする行為は、自分たちだけでなくパートナーシップで問題解決を目指すSDGsにもつながります。

　今回の一連のプロジェクトの中で、子どもたちは、自分たちは意見をいうことができ、それに基づいて行動でき、影響を与えられる存在であることを、意識せずとも体得しているように思います。そうした積み重ねが自己効力感につながり、身のまわりの課題に対して行動を起こすべき主体としての自己認識につながっていくことでしょう。そして、問題解決型の思考や行動につながっています。それこそが、まさに持続可能な社会の創り手になっていくということではないでしょうか。

　このような気持ちや行動は、単なる栽培活動からではなかなか育ちません。「野菜の栽培活動をしていればESDだ」ということではないことが、この事例から感じとれたのではないかと思います。

PROJECT 2

レイモンド鳥越保育園
濱谷恵里

商店街との関わりと
お店屋さんごっこ

対象：5歳児　　人数：17名　　期間：2021年4月〜9月（約5か月）

レイモンド鳥越保育園（東京都台東区）担任：濱谷恵里、柿澤佳子（園長）

プロジェクト概要

コロナ禍でも子どもたちの経験を豊かにしたいと思って地元の商店街に出かける
中で、お店に興味を持った子どもたち。どこにどんなお店があるかを知るため
に、商店街の地図づくりが始まりました。試行錯誤して地図をつくりあげる中
で、子どもたちの興味はお店づくりに移り変わり、お店屋さんごっこへと発展し
ていきます。どんなお店にするか、どんなふうに商品をつくるか、どんなふうに
お客さんを呼ぶか、子どもたちは何度も話し合ったり、地域の人とも関わり合っ
たりして、試行錯誤しながら進めていきました。

第1段階　テーマやトピックを見つける・決める

おかず横丁への散歩

日本文化の息づく私たちの街

　レイモンド鳥越保育園のある台東区は、上野公園や雷門などの観光地として
も有名で、江戸の伝統文化が色濃くあり、人形店、和紙店、革細工店、印刷工
場など、職人が息づく街です。伝統産業に従事される保護者も多く、子どもた

ちは日常的に日本の文化に触れています。

そんなレイモンド鳥越保育園のすぐそばに鳥越神社があります。毎年6月は、鳥越神社のお祭りがあり、家族でお祭りに参加し体験したことを、園で友だちと話し盛り上がります。そこからお祭りごっこへ発展し、夜店の買い物ごっこや神輿（みこし）づくりに発展することが多かったのですが、この年は新型コロナウイルス感染症の影響で、出店やお神輿が練り歩くお祭りは中止になりました。

園の近くにある鳥越神社

私たち保育者は、お祭りは中止になったけれど、子ども同士で協力して「つくり上げる」経験

おかず横丁への散歩

や、買い物を通して他者とやりとりする経験を増やしていきたいという思いを持ちながら、園のすぐ傍にあるおかず横丁への散歩に出かけていました。

大きな地図をつくろう

子どもたちは、おかず横丁でたくさんのお店を見つけました。園に戻ってのサークルタイムでは、子どもたちは口々に見つけたお店を出し合いましたが、「なんのお店があったのかわかるようにしたい」という意見が出てきました。

サークルタイムの様子

そこで、「どのようにするとわかると思う？」と尋ねてみると、「順番にお店を描いてみる」「順番が覚えられないよ」といった意見のほかに、「地図をつくるとわかるんじゃない？」というアイデアが生まれ、地図をつくることになりました。そして、「どうやってつくる？」という問いには、「一人ずつつくる」「みんなで大きな地図をつくる」といった意見や、「絵に描いて地図（平面地図）をつくる」「本物みたいにお店を置いた地図（立体地図）をつくる」といった意見が出ました。最終的には、つくったものを他のクラスの友だちにも見せたいことから、「みんなに見てもらえる大きな地図をつくろう」ということになったのです。

お店屋さんごっこに発展

お店の人に聞きにいこう

　子どもたちと地図づくりが始まったのですが、シャッターが閉まっていたり、漢字で書かれた看板もあって、どんなお店かわからないところもたくさんあることに気づきました。そこで、わからないお店はどうするかと話し合っていると、一人

漢字で書かれた看板

が「聞きにいこう」と発言したことから、散歩中に聞きに行くことにしました。

　子どもたちは、なんのお店かわからないお店を見つけると、「すみませーん」と声をかけ、「ここのお店はなに屋さんですか？」と子どもたちだけで聞きに行きました。子どもたちは、当初の目的だったお店の名前を尋ねるだけでなく、お惣菜屋さんではどんなお惣菜を売っているかを聞いたり、食材を聞いたりして、お店の人とのやりとりを行う姿もありました。

地図づくりのスタート

　おかず横丁にどんなお店があるか調べたあと、地図づくりが始まりました。子どもたちは、商店街で「おかず横丁」と描かれたアーチを見つけていたので、まずはアーチをつくることにしました。始めは紙でアーチをつくっていたのですが、なかなかうまくいかない様子を見て「紙だと破れやすくなってしまうね」と私から声をかけると、子どもたちは「段ボールを貼って破れないようにしよう」というアイデアを出し、補強しはじめました。

　地図をつくる際は、どうやってつくったらよいかを考えるところからスタートしました。「どれくらいの大きさにしたいのか」を話し合い、子どもたちは散歩時に見ていた案内図を思い出して、その大きさの地図をつくろうということになりました。また、お店の名前を文字で書こうとしたとき、「字が書けないよ」と悩んでいた様子もありました。そこで、「字が書けなかったり、読めない人にも見てもらうためにはどうしたらいい？」と投げかけてみると、「マークを描いたらいいんじゃない？ちっちゃい子たちは字も読めないし」という声

総菜屋さんでのやりとり

飲食店でのやりとり

和菓子屋さんでのやりとり

が上がり、お店をマークで表すことにしました。

　その後、模造紙を長くつなげ、自分たちでつくったお店のマークを貼っていくと、まさに地図のようになっていきました。すると、「お客さん」「車」「ちょうちん」なども描きたいというアイデアが出てきて、細部にまでこだわった地図がつくられていきました。

　地図ができあがってくると、子どもたちの中には、地図にあるものをブロックで立体的につくり、それで遊ぶ姿が見られるようになってきました。また、何度もおかず横丁を訪れるうちに、自由遊びの中でお店屋さんごっこをする姿も見られたので、「みんなでお店屋さんごっこする？」と投げかけてみました。すると、「したいしたい」という声がたくさんあがり、クラス全員でお店屋さんごっこをすることになりました。

お店のショーケースを眺める

実体験が生かされたお店づくり

　「どんなお店屋さんごっこにする？」という話し合いでは、「（自分たちがつくった）地図の中から選ぼうよ」という話になり、それぞれがなんのお店をつくったかを発表しあったあと、どれがいいかを

地図づくりの様子

考え、選んでいきました。その中で、「いつも八百屋さんのおじちゃんと話しているから八百屋さんをつくりたい」といった意見や、「あそこのかき氷おいしいんだよね」と和菓子屋さんをつくりたいといった思いを伝える姿がありました。そのような話し合いを経て、なんのお店をつくるかが決まっていきました。

子どもたちがつくった大きな地図

八百屋さんづくりでは、私から「どんな野菜をつくりたい？」と質問をすると、「トマト」「きゅうり」「キャベツ」「果物もつくったほうがいいよね」とアイデアが次から次へと出てきました。ふだんから図鑑を読むことが多いので、子どもたちは野菜をつくっている最中にも、図鑑や写真を見て確かめたりして進めていました。また、おかず横丁の八百屋さんで買い物時に子どもに飴を配っていることを知った子どもたちは、「自分たちも飴をつくって配ろう」ということになり、飴づくりも始まりました。

八百屋さんづくりの真最中

お寿司屋さんづくりでは、「好きなお寿司はある？」と尋ねてみると、「マグロ」「サーモン」のほかにも「ハンバーグ」といった意見が出てきました。そうした意見をもとにどんなお寿司をつくるかを考え、それに応じた色を話し合って粘土に色をつけ、お寿司をつくっていきました。巻物のお寿司はお米を緩衝材でつくり、黒い画用紙は海苔に見立てるなど、使ってみたい素材を素材コーナーから選んで表現を楽しみました。

お弁当屋さんづくりでは、「お弁当箱からつくらないとね」と入れものからつくることになり、どのような素材でつくるかを話し合いました。その結果、画用紙を使用して、弁当箱、おにぎり、唐揚げ、タコウインナー、ブロッコリーなど様々なものを製作しました。

お花屋さんづくりでは、「花束みたいにしたい」「青いお花も欲しいよね」といって自分の好きな色の花をつくったり、細かく切り込みを入れたり、「大きい紙で

花束をつくろう

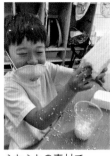
ふわふわの素材で
かき氷づくり

どんなめがねにしようかな

つくると違うんじゃないかな」と様々な方法を
試したりするなど、工夫してつくる姿が見られ
ました。

　和菓子屋さんづくりでは、子どもたちはか
き氷をつくろうと発泡スチロールのブロック
を削って氷に見立てるとともに、絵の具で見
立てた思い思いのシロップを、その発泡スチ
ロールにかけていきました。また、紙粘土を

地域の人からいただいた様々な布の
素材

茶色くしてあんこをつくり、白い紙粘土で包んだ饅頭（まんじゅう）もつくっていきました。

本物らしさの追求

　子どもたちがアイデアを出しながら自分たちなりの商品づくりを進めていく
中で、サークルタイムでは、お店には「看板もあるよね」という意見が出たこ
とをきっかけに、看板づくりに展開していきました。「かき氷屋さんは縦長の
看板だったよ」と散歩で見たことを思い出したり、休日に家族と見に行って確
かめた様子をサークルタイムで伝える姿もありました。シャッターが閉まって
いてなに屋さんかわからなかったお店については、「こんな看板にしたい」と
想像してデザインし、つくっていきました。

　看板づくりでも、一つひとつどのようなものが必要かを考え、様々な素材
を使用しました。「お饅頭（まんじゅう）だから昔っぽいものがいいな」といって素材を選ん
だり、「お寿司屋さんは布だったよ」などと知っていることを話し合いました。
「八百屋さんには立っていてわかりやすいものがあるんだよ」という意見から、

イーゼル型の看板づくりを試みました。その際、「なんで立たないのかな？」と立たないことに疑問を持ち、本物のイーゼルを見ながらどのように支えているのかを調べ、段ボールを組み合わせてつくる姿もありました。

　商品づくりや看板づくりで子どもたちが使った素材は、園で用意したものもあれば、地域の人からいただいたものもあります。様々な職人さんがいる街ならではということもあり、園の保育方針を聞いた地域の人から、和紙や布などをいただいて、日常的に保育の中で使用しています。

　お店屋さんづくりの最中は、散歩に出かけると、子どもたちからおかず横丁を通りたいという声が多く出るようになりました。そして、お店をのぞいたり新しいものを発見する姿がありました。路地にあるカエルの置物を見つけたときも、「これつくりた〜い！」とうれしそうに話し、じっくりと観察して、カエルの製作が始まりました。4歳児クラスのときに張り子で狛犬をつくったことを思い出した子どもたちは、カエルも張り子で制作し、置物に似た色紙を自分たちで選んで貼っていきました。また、「カエルのお家もあったからそれもつくりたい」という意見が出ると、別の子どもが「設計図を描いてからつくろう」と提案し、家づくりも始まりました。子ども同士で設計図を描いたあと、それを見ながら「次は○○色だよ」や「ここに☆☆があるよ」と話し合ってつくっていきました。

おかず横丁で見つけたカエルの置物

設計図に照らし合わせてつくる様子

子どもたちがつくったカエルとそのお家

お店屋さんごっこの開催と事後展示

お客さんを招待しよう

　子どもたちが自分たちでつくった街で行うお店屋さんごっこ。本当はおかず横丁の人たちを招待して行いたかったのですが、新型コロナウイルス感染症対策のため、園の子どもたちだけで行うことにしました。お客さんは、年少（3歳児）クラスの子どもたちです。

　翌日のお店屋さんごっこに向けてみんなで準備していると、お寿司屋さんのところでは「ここでお寿司を握ろうよ！」とお寿司を握る姿を見せたり、お花屋さんではどのように飾りたいかを話し合って、本物のお花屋さんのようにバケツを使用してつくった花を飾る姿がありました。

　ついに迎えたお店屋さんごっこ当日。お寿司屋さんでは「いらっしゃ～い」とお寿司を握りながら店番をし、めがね屋さんではお客さんに「このめがね似合うと思うよ」と悩んでいる姿に声をかける姿がありました。お弁当屋さんでは「どの弁当がいいですか？」と欲しいお弁当を聞いて渡したり、お花屋さんでは花を丁寧に束ねていました。和菓子屋さんでは、かき氷だけがよく売れ、饅頭があまり売れませんでした。すると、和菓子屋さんチームで作戦会議を行い、「お饅頭とかき氷の両方買ってもらうと100円安くなりますよ～！」と値引きしてお客さんを呼んでいました。また、おかず横丁のように買い物後に飴を配っていた八百屋さんは、「八百屋さんに行くとあめちゃんがもらえるよ」と子どもたちの中で評判になり、たくさんのお客さんが来ていました。

子どもたちがつくったアーチ

「いらっしゃい！」（お寿司屋さん）

和菓子屋さんは販売のために
値引きする姿も

「どれにしようかな」（お弁当屋さん）

誰かに見てもらえる喜び

　当時、新型コロナウイルス感染症対策のため、子どもたちは、年少クラスとの異年齢活動はあまりできていなかったので始めは緊張する姿もありましたが、お店屋さんごっこが始まると、とても楽しそうに関わりあっていました。また、お店屋さんごっこが終わったあとも、クラス内でお客さんと店員に分かれて、継続して遊ぶ姿もありました。

　お店屋さんごっこのあと、子どもたちと振り返る時間を設けました。子どもたちからは、「もっとたくさんの人に見せたい」という意見が出たため、誰に見てもらいたいかを尋ねると、お店屋さんを見ていない乳児クラスの子どもたちや、お家の人に見せたいとのことでした。そこでいろんな人に見てもらえるよう、階段につくったものを飾ったり、乳児クラスには「次にやるときに来てね」という言葉とともに自分たちがつくった花を人数分プレゼントしに行きました。子どもたちは、自分たちが考えてつくったりしたものを、ほかの誰かに見てもらえる喜びを感じているようでした。

この活動を振り返って

　子どもたちは活動を進めていくにつれて、おかず横丁の人々とつながりを感じるようになっていきました。散歩で話を聞きに行った際、地域の人がとてもやさしく接してくださったので、見守られているという安心感がありました。

地域の人とのつながりが生まれたことで、子どもたちも地域により興味を持ち、やってみたいという意識が芽生えたように思います。

階段にお店屋さんごっこを展示
（お寿司屋さん）

　私は、子どもたちが「やってみたい」と思うことをどのように実現できるかと難しく思っていました。しかし、「どうしたらできると思う？」と子どもの想像力が働くよう、一緒に考えるような問いかけを行うことで、子どもたちから様々なアイデアが出てきました。サークルタイムでは、初めはぶつかり合ったり、たくさん意見を出す子どもの思いが優先されていましたが、何度も話し合う中で、お互いの意見を聞き、なにがよいのかを考える姿が表れてきました。

　また、年下のクラスの子どもと一緒に行うときには、やさしく接したり、教えようとする姿も見られ、とても成長したように感じます。それまで自分中心で動く姿が目立っていた子ども

階段にお店屋さんごっこを展示
（お花屋さん）

も、「（年下の子どもたちは）どうしたいかな？」と、相手の立場を想像しようとする言動が見られるようになりました。

　このように、協同での製作やお店屋さんごっこを通して、友だちの話に耳を傾け、協力しようとするようになったり、友だちに対してやさしく関わることができるようになりました。また、地図づくりやお店づくりなど大きなことができたことも自信になり、やってみようという気持ちを持ってチャレンジし、あきらめない姿が見られるようにもなりました。

　子どもたちの「やりたい」に基づいて、どうしたらできるかを子どもたちと一緒に考えてきたことが、主体的な姿につながったように思います。主体的に取り組んだからこそ、うまくいかなくてもどうしたらよいかを考える姿勢や、他者と力を合わせてやり遂げるといった姿につながったように感じています。このような積み重ねが、まさにESDの出発点として大切になるのではないかと思います。

解説

　お店屋さんごっこは、どの園でも行われる活動ですが、SDGsやESDとのように関係するのでしょうか。

　ESDは、「地球規模の課題を自分事として捉え、その解決に向けて自ら行動を起こす力を身に付けるための教育」のことです。「地球規模の課題を自分ごととして捉える」というと大げさに感じますが、まずは身のまわりのことを自分ごととして捉えられなければ、地球規模のことを自分ごとには捉えられません。だからこそ、その後の成長の基礎となる幼児期においては、身のまわりのこと、今回の事例でいえば、園の近くにある商店街を身近に感じ、知ろうとすることに、自分ごと化への出発点があるといえるでしょう。

　そして、大人から一方的に与えられる情報や行為ではなく、自らの興味・関心に基づいて主体的に考え、行動しようとしている様子も伝わってきます。その背景には、担任の濱谷さんたちの保育者としての創意工夫が垣間見えてきます。

　たとえば、「なんのお店があったのかわかるようにしたい」という子どもたちに対して「どのようにするとわかると思う？」と尋ねたり、お店屋さんごっこへの準備に際して「どんなものつくりたい？」と尋ねたりするなど、子どもたちが自分の考えやアイデアを出しやすい問い方をしているのがわかります。そして、子どもたちから出てきたアイデアが最大限に実現されるようにしています。どんなお店か「聞きに行こう」という子どものアイデアを実現しようと出かけたからこそ、このプロジェクトが始まったともいえるでしょう。

　また、段ボールや発泡スチロールなど、ものづくりのために子どもたちが自由に使える素材を豊富に用意していたからこそ、子どもたちの「やりたい」「つくりたい」という意欲を受け止めることができたように思います。自分の思いを形にすることができたり、受け入れられたりするという積み重ねは、子どもたち自身の自己効力感にもつながります。自己効力感を持てることが、様々な社会課題に対して無力な存在ではなく影響力を持つ存在として自分自身を認識していくことにつながるはずです。

　保育者の関わりからは、子どもたちを他者や地域と意図的につなげようとする思いも感じ取れます。自分たちだけでお店屋さんごっこをするのではなく、

異年齢活動にしようと考えたり、地域の人々と子どもたちをつなげようとしたりする思いです。SDGsやESDでは、パートナーシップという考え方が大切になるため、このような他者とのつながりをデザインしていくことが重要です。そのような積み重ねがあるからこそ、子どもたちは、商店街で見かけた看板や八百屋で配っていた飴を自分たちも取り入れようとするなど、社会参照しながら生活に活かそうしています。

　濱谷さんが「字が書けなかったり、読めない人にも見てもらうためにはどうしたらいい？」と投げかけたのは、様々な違いを超えて利用しやすいユニバーサルデザインの考え方を示しているといえるでしょう。子どもたちは濱谷さんの問いかけによって、自分とは違う様々な立場の人や視点があることに気づくとともに、どうしたらよいかを考えるきっかけになっているように思います。

　そしてこのクラスの子どもたちが、日常的に対話的な関係にあるのも見過ごせません。なにかを発見したり、問題があるとすぐに話し合い、それぞれの意見や考えを伝え合う文化が醸成されています。こうした対話的な文化は、子どもたちの問題解決思考にもつながっています。「どんなお店屋さんごっこにする？」という問題には、「（自分たちがつくった）地図の中から選ぼうよ」と話し合いで決まり、イーゼル型の看板がうまく立たないときは本物のイーゼルを見て改良しようとしたり、饅頭が売れないときにセット販売にしようとする姿は、まさに問題解決型の思考です。しかも、一人で解決しようとするのではなく、友だちと協働しながら解決しようとしています。こうした姿勢は随所に見られますが、これらはSDGsやESDで重要になる姿です。失敗は「失敗」ではなく「うまくいかない」ということであり、社会課題をどのようにしたら解決できるかを考えることにつながっていくはずです。

　このように、地図づくりやお店屋さんごっこの中にも、SDGsやESDにつながる要素がたくさん含まれています。しかし、なんの意図や目的もなく進めていった場合、こうした大切な視点が抜け落ちてしまいます。ごっこ遊びにもこのような大切な要素が含まれているように、ESDの出発点としてある保育においては、日常のなにげない活動の中に、ESDにつながる要素が数多く含まれているのです。

PROJECT 3

レイモンド南蒲田保育園
石井沙織

自分たちが住んでいる街って？

対象：5歳児　　人数：13名　　期間：2021年1月〜2月（約2か月）

レイモンド南蒲田保育園（東京都大田区）担任：石井沙織、富田裕子（園長）

プロジェクト概要

セブ島の子どもたちとのオンライン交流で自分たちの街を紹介したいという気持ちから、街を知ろうとする探究に発展しました。ふだんなにげなく過ごしている街も関心を持って眺めてみることで、様々な発見や気づきにつながりました。オープンエンドな素材で街をつくる過程でさらにその関心は高まり、仕事やお金、自動化にも興味が広がっていきました。様々な街の人とも関わりながら、自分たちが暮らす街について知る探究となりました。

第1段階　テーマやトピックを見つける・決める

セブ島との交流から生まれた街への興味

「この街について知っていることってどんなこと？」

　レイモンド南蒲田保育園ではSDGs活動の一環として、保護者や職員から衣類などを集めてフィリピン・セブ島に送る支援活動を進めていました。そうしたやりとりにおいてセブ島の街の現状を知る中で、子どもたちは自分たちの街との違いに気づき、「セブ島の子どもたちとオンライン交流をして、自分たちの

街を紹介したい」という声があがりました。

　私は、まずは子どもたちが自分の街について知る必要があると思い、「子どもたちはこの街にどのように出会うことができるだろうか」と、蒲田という街についての計画ウェブマップをつくることにしました。そして、子どもたちの興味・関心がどんな場所やお店にあるのか、どんな人がいて、どんな仕事があるのかなどに関する計画ウェブマップを書いていきました。

　そのように見通しを持ったうえで、サークルタイムで「この街について知っていることって、どんなこと？」「この街にはどんなものがある？」と子どもたちに尋ねてみました。すると子どもたちから、警察、消防署、家、図書館、乗り物、駅、ビル、公園、動物園、水族館など、たくさんのキーワードが出てきました。実際には、蒲田の街には動物園と水

セブ島への支援物資を集めている様子

セブ島への支援物資を送る

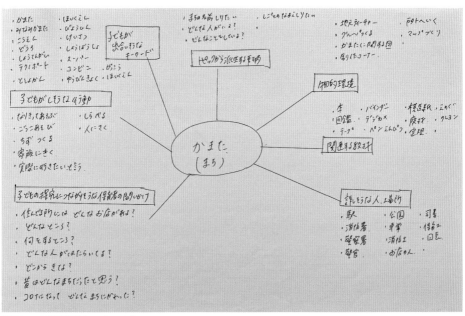
街についての計画ウェブマップ

族館はありませんが、子どもたちが遠足に行った際の思い出や自分たちの経験から出てきた言葉だと思います。そこで、実際に蒲田という街にどんなものがあるか見に行ってみることにしました。

子どもとつくった計画ウェブマップ

街を自分ごとにして考える

日ごろから散歩に出かけることは多かったのですが、ふだんはなにげなく通り過ぎていた場所でも、一つひとつ丁寧に「これは誰がつくったと思う？」「なんでこれがあると思う？」と問いかけながら歩くようにしました。すると子どもたちは、街の中にある様々な建物やものに対して自分なりに考えたり気づいたりする姿があ

子どもたちが興味を持った駅

りました。まさに、街を自分ごと化して考えているようでした。

なかでも、子どもたちが最初に注目したのは「駅」です。京急蒲田駅は保育園から子どもたちが歩いて15分ほどで行ける距離にあります。子どもたちに「駅の中にはどんなものがある？」と尋ねてみたところ、「改札がある」「エレベーターがある」「お弁当を売っている」といった意見のほかに、「飛行機があるところ」「羽田空港とつながっているところ」と様々な意見が出てきました。

そこで、実際にこれらがあるのか行って確かめることにしました。すると、子どもたちの予想はおおよそ当たっていましたが、駅に飛行機はありませんでした。ある一人の子どもが「京急蒲田には飛行機はないよ」というと、「電車に乗ればどこでも行けるんだよ」と肯定する意見もあれば、「飛行機があるところとつながっている」と話す子どももいます。友だちの意見に耳を傾け、自分で考えたことを相手に伝えようとする姿勢が見られました。

このように、子どもたちの街への興味・関心が深まる中で、子どもたちから「自分たちのまちをつくりたい！」という声があがりました。そして、保育園の中に、自分たちの街をつくる「街づくりプロジェクト」が始まったのです。

街づくりプロジェクトから広がる探究

自分たちの街をどんどんつくる

　保育室の遊びのコーナーの一つに、子どもたちが自由にものづくりを楽しむことができるよう、オープンエンドな素材を準備して、街づくりのプロジェクトコーナーをつくりました。準備したのは、段ボール、段ボールカッター、はさみ、ビニールひも、ビニールテープ、絵の具、ボンド、色鉛筆、クレヨンなどです。

　子どもたちはそれらを使って、街をつくり始めました。思い思いにお店をつくり、ビルやコンビニなどもできあがっていきました。すると子どもたちは、自分たちがつくっている街に足りないものに気づき始めました。「点字ブロックがない」「横断歩道がない」「交番もない」「消防署もない」「お花屋さんがない」と、自分たちが街で見つけたけれどもまだつくっていないものを伝えはじめました。そのようにして必要なものを思いついてはつくり、自分たちの街をどんどんつくり上げていったのです。

　なかには、お花屋さんづくりから花の名前に興味を持ち、文字に対する関心

ビルづくり

点字ブロックを作成中

横断歩道づくり

街づくりプロジェクトのコーナー

写真と照らしあわせてつくっている様子

協力して段ボールを切る様子

つくった街が壊れてしまって……

観光マップ「なにがかいてあるのかな」

調理師から餃子の話を聞く

が深まった子どもがいたり、神社でお賽銭<ruby>賽銭<rt>さいせん</rt></ruby>をした経験を思い出して、お寺やアルミホイルでお賽銭をつくり始める子どもも見られました。将来アイドルになりたいという子どもは、街の中にステージをつくって自分の将来の姿をイメージしながら、楽しんでいました。段ボールカッターを使う際は、「難しいから押さえててほしい」「手伝ってあげる」「わたしこっちでやってみるね」と友だちと協力しようとする姿も増えました。途中、つくったものを「壊した」「壊された」などのトラブルがあった際も、話し合いを重ね、子どもたちの思いがつまった街が完成しました。

地元の名物「羽根つき餃子」を発見

　このように街に関心を持って深く知ろうとするとともに、自分たちでもつくってみることで、街への理解や認識を深めていきました。やがて、子どもたちの探究は蒲田名物の羽根つき餃子<ruby>餃子<rt>ぎょうざ</rt></ruby>づくりにもつながっていきました。

　きっかけは、駅にある観光情報センターでもらった地図です。地図を見ながら、文字や図形、マークに興味を持つ姿がありました。そして、「漢字やカタカナは難しい」「タイヤ公園のタイヤなら読めるよ！」などと話す中で、地図の中に餃子のマークを見つけました。そして、街の名物に「はねつき餃子」というものがあることを知りました。

　子どもたちに「誰なら羽根つき餃子について知っていると思う？」と問いかけてみると、「給食の先生なら知っていると思う」という意見が出ました。そこで、調理師から羽根つき餃子の由来や

つくり方について聞くことになりました。調理員から餃子の包み方を教わった子どもたちは、粘土遊びの中で自分たちの思いがつまった羽根つき餃子づくりを楽しみました。

粘土での餃子づくり

働くことへの気づき

　街づくりの中で始まったごっこ遊びから、お金や仕事への関心にもつながっていきました。パン屋さんごっこには参加していなかった子どもが突然、「お金がないとパンが買えないよ。ぼくがお金をつくってあげる」と発言したことから、カードゲームをお金に見立ててお金のやりとりが始まったのです。そこで私がサークルタイムの中で、「お金ってどこから来てると思う？」と問いかけてみました。「この間、おじさんから1,000円もらったよ」「おじいちゃんからお金もらった」というように、お金に関する経験を話し始めました。そして、「働かないとお金ってもらえないんだよ！」という声から、子どもたちは「働くとお金がもらえる」ということに気づき、「働くこと」について考え始めました。そうしたところから、今度は、自分たちの街にはどんな仕事があってどんな人が働いているのかということに、子どもたちの関心が広がっていったのです。

仕事についての本をそろえる

すべてにそれを「つくった人」がいる

　それからというもの、ふだん行っている戸外活動が特別な時間に変わっていきました。街にあるものすべてにそれを「つくった人」がいることに気づき、「点字ブロックは誰がつくったんだろう？」と仕事への興味につながっていきました。そして、自分のお家の人は「どんな仕事をしているんだろう？」といった疑問を家庭へ持ち帰って、次の日のサークルタイムで話題にすることもありました。このような問いの積み重ねを続けていく中で、横断歩道に立って交通誘導してくれている人に気づいたり、公園の遊具を点検している人にも気づきました。遊具点検をしている人に「なにをしているんですか？」と尋ね、「壊れているところがない

「点字ブロックは誰がつくったんだろう?」

横断歩道に立つ人に関心を持つ

遊具点検の人に尋ねる

ビル清掃を見上げる子どもたち

か、叩いて音を聴いているんだよ」と答えてもらったこともありました。

　レイモンド南蒲田保育園があるビルの窓掃除をしてくれている人たちを見て、「私たちのために働いてくれている」「そういえば、保育園の先生もぼくたちを守ってくれている!」といった発言もあり、保育者としてとても嬉しくなりました。子どもたちは、誰かが働くことで助けられたり、守られたりしていることに気づいていきました。

"自動"で動くものたち

　私は子どもたちに、誰かが働くことで自分たちが助けられるだけでなく、暮らしが便利で豊かになっていることにも気づいてほしいと思いました。そこで、街でよく見かけるアルコール消毒液の噴射器を見せ、「コードがないのに消毒液が出てくるのって不思議だね。なんでだろうね? でも便利だよね」と伝えると、子どもたちは「中になんか入ってるのかも」と予想しはじめました。そして「保育園の中に、自動で動くものはほかにもあるかな?」と自動のもの探しが始まりました。す

ると、玄関に置いてある登降園を管理するタブ
レットにも興味を示したり、手をかざすと自動
で水が出る蛇口や、手をかざすとハンドソープ
が出てくる機械にも興味を持ちました。そして、
多機能トイレでほとんど手を触れることなく水
が流れたりする様子を見て、「多機能トイレには
自動のものがいっぱいあるね」「手をかざすだけ
で水が出てくるよ」「コロナだからじゃない？」
と子どもたちなりに考えたことを言葉にしてい

消毒液の自動噴霧器を見て考える

トイレも自動で水が流れる

ました。また洗濯機や電子レンジなど、「自動の
ものがこんなにいっぱいあるのか」と、生活の
中に当たり前のようにある機械についてあらた
めて気づいたり知ったりしていきました。私は、
子どもたちがさらに興味を持てるよう「昔の人はどうやって洗濯していたと思
う？」と尋ねると、「昔の人は川で洗濯をしていたと思う」と紙芝居や絵本の昔
話を思い出して発言する姿もありました。

　子どもたちがスーパーのレジに興味を持ったときのサークルタイムでは、「レジ
がなかったときはどうしていたと思う？」と尋ねると、「店員さんに直接お金を渡し
ていた」「お店がなくて外で売ってたと思う」といった発言がありました。また、「お
家の人はどうやってお金を払っているんだろう？」などと尋ねると、「お金を払っ
てピピってしてる」「クレジットカード」「ペイペイ®」「現金」といった発言があった
りしました。そして自動になっている写真をいくつか示して「自動のものが増える
とどうなるんだろう？」と尋ねると、「触らなくても大丈夫」「コロナが広がらない」
といった意見のほか、「人間の仕事が減っている」という意見もありました。自動
のものが増えると便利になり、仕事も楽になるということに気づいたようです。

図書館でフィールドワーク

　人間がやっている仕事と機械がやっている仕事の違いを感じられるよう、区
立図書館へのフィールドワークを計画しました。図書館には日ごろからよく出
かけているのですが、このときは図書館の人に聞きたいことを子どもたちと事

図書館へのフィールドワーク

自動貸し出し機

図書館の館長さんに尋ねる

図書カウンターの仕事について話を
聞く様子

前にまとめたうえで、体験とインタビューに出か
けました。そして、自動貸し出し機とカウンター
での貸し出しの違いを体験してみました。

　子どもたちは図書館で聞きたかったことを質問
することができました。まずは館長さんに「図書館
の仕事で、人間でないとできない仕事はなんです
か？」と尋ねると、「カウンターでの仕事は単調に
見えるけど、実は人間でないとできない仕事がほ
とんどです」と教えてもらいました。具体的には、
返却された本は傷や汚れを人の目でチェックし、
本棚の正しい場所に戻していることを知りました。
また、新型コロナウイルス感染症の影響でお父さ
んの仕事が減ったという子どもは、「コロナで図書
館の人の仕事は減りましたか？」と、館長さんの仕
事は減っていないかと心配して尋ねました。する
と、コロナが流行しはじめたころは休館したり、利
用者数が減ったりしたそうですが、最近は利用者
さんが戻ってきていて、前と変わらない仕事の量
であることを聞いて安心した様子でした。さらに、
「図書館のお仕事で、コロナで変わったことはあり
ますか？」と尋ねると、カウンターのパーテーショ
ンを手づくりしたり、本の消毒や館内のふき取り
作業を増やしたり、みなさんに安心して利用して
もらえるように気を配っているとのことでした。

様々な人とのつながりを実感

　園に帰ってからのサークルタイムで、「機械で
やるとどうだった？」と尋ねると、「楽しい」「おも
しろい」という意見があった一方で、「やり方がわ
からない」「難しい」という意見が出ました。また、

カウンターで「人から手渡しされてどうだった？」と尋ねると、「あったかい気持ちになった」「笑顔がうれしかった」という声があがりました。そして、子どもたちから、図書館のみなさんにお礼のお手紙を書きたいという意見が出て、そ

サークルタイムで話し合う

れぞれが感謝の気持ちを言葉にして届けました。

　子どもたちが図書館での貸し出しを体験したり、図書館の人の話を聞いたりしたことで、より深い学びへとつながったように思います。子どもたちは、自動の機械のおかげで利用者が便利になっていること、働いている人の助けになっていることを知りました。そのうえ、地域の人とのつながりも実感することができました。

　子どもたちはその後、セブ島の子どもたちとのオンライン交流の中で自分たちが住んでいる街を紹介したのですが、このような一連の活動を経たからこそ、自分がどんな街に住んでいるのか、どんな人がいてどんな仕事があり、どんな生活をしているのかを、実感を持って伝えることができたように思います。

この活動を振り返って

　今回の活動を通して、子どもたちが自ら様々なものに気づいたり考えたりする姿が見られ、大きな成長を感じました。この活動は、私自身の学びの機会にもなりました。

　保育者の計画通りに保育を進めるのではなく、子どもが主体となって探究すること、うまくいかなくても試行錯誤すること、これらのプロセスこそが大切だと感じました。子どもたちが主体的であるためには、保育者である私と子どもたちがタテの関係ではなく、ヨコの関係であることが必要だと感じます。子どもが抱いた疑問に大人が答えを教えてしまっていたら、これほどの学びにつ

ながることはなかったと思います。そして、子どもの興味・関心に見通しを持ちながら、私自身も「どうなるんだろう？」と子どもたちとともに楽しんで探究し、まさに一緒につくり上げていった印象があります。

こうした活動を支えたのは、「振り返る」ためのサークルタイムでした。自分や友だちの経験を思い出し、表現したり話し合ったりすることで、経験やものごとの意味づけを行うことができました。さらに、子どものつぶやきに耳を傾け、子どもたちと対話することは、私にとっても有意義な時間でした。特に、自動のもの探しの活動のときは、「コロナだから自動のものが増えているのでは？」という子どもたちの考えに、次世代を担う子どもたちが、社会のニーズに応じたり、より豊かな暮らしのために自身の経験や考えを生かしてくれることを期待し、ワクワクしました。

これからも、子どもたちが身近な人やものごととの関わりを深め、考えたり振り返ったりすることを大切に、保育を楽しんでいきたいと思います。

解説

ふだん自分たちが暮らしている街について、子どもたちはどれだけ関心を持っているでしょうか。子どもたちと街をつなぐのは保育者の大切な役割といえるかもしれません。この事例では、セブ島の子どもたちとの交流の中で自分たちの街を紹介したいという思いから街の探索が始まりました。その際、担任の石井さんは街についての計画ウェブマップをつくり、子どもが街でどのようなものに出会うだろうか、出会うと探究が深まりそうなものはなんだろうかと、見通しを持とうとしています。石井さんは、街以外にも、仕事など子どもが興味を持ったことについて何枚も計画ウェブマップを書いています。こうした見通しが、子どもたちにオープンクエスチョンで尋ねやすくなることにもつながり、子どもたち自身の興味・関心から活動が展開していくことを支えます。実際に、「お金ってどこから来てると思う？」「昔の人はどうやって洗濯していたと思う？」「レジがなかったときはどうしていたと思う？」と問うことで、子どもたちは身近なことに疑問や関心を持ち、それが内発的動機となって主体的に取り組むことにつながり、自分ごと化に結びついています。

そして、「自分たちの街をつくりたい」という思いから街づくりが始まっていくわけですが、石井さんはオープンエンドな素材を用意しています。子どもたちの「○○をつくりたい」という内発的動機があるからこそ、それらの素材や道具を使って表そうとしはじめます。逆にいえば、内発的動機がなくオープンエンドな素材だけあったとしても、それらは単なる飾りになってしまいます。子どもたちが街づくりに没頭するからこそ、子どもたちは街について興味を深め、さらに知ろうと探究していきます。結果的に、仕事やお金のほか、自分たちの暮らしが様々な人に支えられていることに気づいていく様子が伝わってきます。これらは、まさにESDでも大切にされている社会／文化や経済の視点です。

　子どもたちは探究を進める過程において、羽根つき餃子について調理師に尋ねたり、街で仕事をしている遊具点検の人やお店の人に尋ねたり、区立図書館の人にも仕事の内容や新型コロナウイルス感染症の影響などを尋ねたりしています。様々な人と自ら関わりながら、その世界を広げていっています。

　子どもたちはこの一連の活動を通して、ふだん過ごしている生活環境の中で見過ごしていたことへの気づきがたくさんあったことでしょう。それは、当たり前に感謝するということでもあり、様々な人が支え合っていること、支えてもらっていることへの気づきでもあるでしょう。そして、自分たちが行動したり人と関わることで世界が広がっていくことが実感できたのではないでしょうか。それは、子どもたちの自己効力感につながったようにも思います。自分たちは尋ねることができる存在であり、調べることができる存在であり、つくることができる存在であるという自覚です。そして、協力することで、様々なことを成し遂げることができるということでもあります。

　子どもたちが様々な人と関わると同時に、身のまわりのことに興味を持って知ろうとしたり、つくってみようとすることで、その対象を自分ごと化していくことにつながります。幼児期のESDには、単に「○○をする」ということではなく、まさにこうした身近なものに興味や疑問を持って、自分たちの力で関わろうとするところに醍醐味があるのではないでしょうか。

　なお、今回は紙幅の都合上、セブ島の子どもたちに街について伝える前までの様子に焦点を当てて紹介しました。

放課後児童クラブ 太陽の子
曽我部裕規

お米づくりプロジェクト

対象：小学1〜4年生　人数：約90名　期間：2021年5月〜2022年2月（約10か月）

放課後児童クラブ 太陽の子（和歌山県紀の川市）担任：曽我部裕規、阪本隆子（施設長）

プロジェクト概要

「雨はなぜ降るの？」なにげない子どもの疑問から、米づくりへとつながり、農業が盛んな街ならではの地域の人との交流へと発展していきました。お米づくりを通して、食べ物を育てることの大変さや、食べ物の大切さを身をもって実感することができたのです。最後は、自分たちの学びを振り返り、友だちに発表する姿につながりました。

第1段階 テーマやトピックを見つける・決める

始まりは水への疑問

「雨はなぜ降るの？」

　梅雨に入り、雨の日が続いて外遊びにも行けない…。そんなとき「雨」について疑問を持ったYさん（1年生）。私たちのところへ「雨はなぜ降るの？」「なんで？どうして？」と聞きにきました。「なんでだろうね」「なんでかわかるかな？」と話しながら私は、「この本に載っているかも」と天気についての図鑑を手渡しました。すると、始めは少し面倒くさそうな表情だったものの、やがて雨のし

くみが書かれたページを真剣に読み始めていました。私はそのYさんの姿を見て、「水（雨）ってふだんの生活で当たり前のように使っているけど、子どもたちはなにか疑問を持っていたりするのだろうか」と思い、子どもたちと水について探究してみることにしました。

　私たちの学童保育施設では、一人ひとりが自分で過ごし方を決めているため、全員で同じことに取り組むということはほとんどありません。試しに、水について考えてみたいと思う子どもたちを募ってみたところ、10名ほどの手があがりました。集まった子どもたちとサークルタイムを設け、水について知っていることを尋ねてみました。

　「水ってなんだろう？」

　海、川、飲み物、手を洗うときに使う、洗濯やお皿を洗うときに使う、食べ物をつくる（料理する）ときに使うなど、様々な意見が出ました。私からも、「食物を育てるときにも水が必要だよね」とアイデアを出しました。すると、家族が農業を営んでいるHさん（4年生）が、「そんなの当たり前やん」と言いたげな表情だったので、「お米ってどうやってつくると思う？」と問いかけてみました。するとHさんは「おばあちゃんがやってるから知ってる！今度聞いてくるわ！」と自慢げに、どこか楽しそうに話す姿がありました。

お米づくりをインタビュー

　それから一週間ほど経って、Hさんがおばあちゃんに聞いたことをノートにまとめてきました。私は、せっかくなのでHさんに発表してほしいと思い、子どもたちの前で話してもらうことにしました。Hさんの発表から、苗を植える前段階だけでもやらなければならないことがたくさんあることがわかりました。子どもたちは話を興味深く聞いたり、進んでノートにまとめたりして、知らないことを吸収しようとしている姿がとても印象

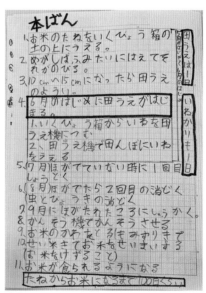

家族に聞いてまとめた米づくりノート

お米のつくり方を発表する様子　　　　　友達の話を聞いてノートにまとめようとする姿

的でした。

　Hさんのお米づくりについての発表後、私は「実際に自分たちで田植えをする経験をしてほしい」と思い、「田植えやってみる？」と声をかけてみました。正直なところ、子どもたちは興味を持つだろうかと不安な気持ちもありましたが、子どもたちは口々に「やってみたい！」といい、お米づくりが始まりました。

第2段階　**探究する**

お米をつくりたい

初めての田植え体験

田植えについて話を聞く様子

　子どもたちにとっては、まさに初めての経験です。家業としてお米屋さんを営み、お米づくりに詳しい職員がいたので、子どもたちに土の耕し方や田植えの方法などを説明してほしいと依頼しました。そして、田植えに向けて、土や苗、ケースなどを用意し、その職員に教えてもらいながら田植えをする日を迎えました。

　子どもたちは、田植えをすることをイメージしながら、職員の話を真剣な表情で聴き入っていました。そして、丁寧に土や水を入れたり、苗を植えたりして、自分たちの田植えを進めていきました。また、田植えが一通りすんだあと、

田植えの準備

いよいよ田植えを体験

田植え後の様子

田植えを伝える新聞づくり

水やりを忘れないためにどうしたらいいかと考えた子どもたちは、水やりを忘れないよう注意喚起するプレートを作成する姿もありました。

　田植えを終えた子どもたちは、今回の取り組みを"お米づくりプロジェクト"と名づけ、自分たちで苗を植え、育てるんだという強い意志を持って取り組んでいきました。

お米づくりプロジェクトから「太陽の子新聞」が誕生

　透明ケースでの田植えが終わった翌日、私は子どもたちと田植えについて振り返る場を設けました。自分たちが田植えをしている写真を示しながら、「どうすれば保護者を含めて、ほかの人に知ってもらえるだろうか」と考えました。話し合いの結果、「模造紙にまとめて新聞みたいにしよう！」と決定しました。子どもたちは早速、前日の写真を活用しながら"太陽の子新聞"として、玄関に掲示しました。お迎えにきた保護者がその新聞を見ると、「学童保育でこんな経験ができるなんて！」と驚く様子があったとともに、子どもたちが植えた苗を見て親子で語り合う姿もありました。

SDGsについてサークルタイムで語り合う

　それまでも子どもたちとSDGsについて話をすることはあったものの、お米づくりプロジェクトが進む中で、私は、SDGsについてより深く学んでほしいという思いを持ちました。そこでサークルタイムの中で、「SDGsって知ってる?」と聞いてみると、3年生の子どもたちから「学校で習ってる!」「目標が17個あるんよ」「2030年までに達成するって期間が決まってる」といった発言がありました。常々、子どもたちが学校で習ったことを学童保育でさらに深めていくという学びのサイクルをつくりたいと思っていたので、まさにそうしたサイクルを実感することができました。

　まずは、お米を育てていることもあり、SDGsの目標のうち、"食"について考えることにしました。「貧困をなくそう」「飢餓をゼロに」という目標について触れ、「ふだん自分たちが食べている食物はどこでつくられていると思う?」と子どもたちに尋ねてみました。そのような話から、お米は日本でたくさんつくられているけど、多くは外国からの輸入に頼っているということがわかりました。Kさん（3年生）が「輸入できなくなったら食べ物がなくなる?」と疑問を声に出すと、子ども同士で「なくなりはしないけど、日本で育てている食物にばかり偏ってしまう。たとえば、パンやパスタの原料の小麦って実はあまり日本ではつくられてないんだって」「輸入ができなくなると食べられるものが少なくなったり、値段が高くなったりするんじゃない?」といったやりとりが生まれました。子どもたちの中に、SDGsを単に知識として入れるのではなく、自分の頭で考え、生活を通して考えるという姿勢が育っているように感じました。

わからないことをゲストに質問しよう

　子どもたちは、苗を植えてからその生長を観察し続けました。苗の大きさを定規で測って生長を記録したり、色の変化を記録したりと様々です。透明のケースを使用したからこその発見もありました。Aさん（4年生）とSさん（3年生）は土の中での根っこの成長に気づきました。ふだんから土の中をのぞき見ることはできませんが、こうした体験の中で「苗と一緒に根っこも生長している」という発見があったのは、実体験が伴っているからこそのように感じました。

　ただ、子どもたちが育てる苗が生長していく中で、私自身もわからないこと

苗を観察する様子 　　　　　　　　室内に持ち込み観察する様子

が多くあるとともに、透明ケースではなく実際の田んぼから学ぶことはできないかと考えるようになりました。そんなとき、子どもたちが通う小学校では5年生になると田植え体験があることを思い出し、小学校に連絡して事情を話すと、小学校でもお世話になっているJA（農業協同組合）の職員さんを紹介されました。さっそくその方に連絡を取ってみると、夏休みに田んぼを見せてもらえることになりました。子どもたちにそのことを伝えると同時に、JAの職員さんにどんなことを尋ねたいかを話し合うことにしました。その際、田植えをする前に抱いていた疑問や、苗を育てる中で生まれてきた疑問について尋ねたりして、子どもたちからの意見を促しました。そして、「お米を育てる時期は？」「収穫する時期は？」「つくるのが難しい野菜は？」「苗は一回にどれくらい植えるの？」「田んぼの中にはどんな虫がいるの？」などを尋ねたいということになり、事前にJAの職員さんに伝えました。

初めてのフィールドワークに挑戦

　そして交流当日。子どもたちは尋ねたかったことを質問し、JAの職員さんに一つひとつ丁寧に答えてもらいました。熱心に話を聞いたあと、今度は実際に田んぼに行って説明を聞きました。このように施設外にフィールドワークに出るのは、私たちの学童保育施設では初めてのことで

JAの職員さんの話を聞く様子

したが、子どもたちの中には明確な目的があったため、道中を含めしっかりと説明を聞き行動しようとする姿が見られました。

田んぼの生き物を調べよう

これまでの過程を振り返る

ゲストの話を真剣に聞く様子

「田んぼにはどんな虫がいるの？」という問いに答えるため、JAの職員さんは虫取り網を用意していました。それらを使って田んぼの中の生き物を捕まえてみると、カエルやオタマジャクシなどがいることがわかりました。また、近くの川で大きな鯉も発見し、子どもたちは興奮していました。

田んぼから帰ってきたその日のうちに、子どもたちと振り返りを行いました。話を聞く前に抱いていた疑問や、それについてわかったこと、フィールドワークで気づいたり発見したことを整理していきました。こうすることで、子どもたちの学びが一過性のものにならず、知識や知恵として定着していったように感じます。

待ちに待った収穫

収穫の時期が近づいたころ、「お米ってどうやって収穫すると思う？」と、問いかけてみました。子どもたちからは「機械を使って稲刈りをする」といった答えが出てきました。しかし、透明ケースで育っている稲を機械で刈るのは現実的ではありません。そこで、「機械を使わずにどうやって収穫しようか？」「誰に聞けばわかる？」と問いを深めていきました。U先生の実家でお米を育てているということがわかった子どもたちは、「U先生に聞いてみよう」と相談を持ちかけ、手作業での収穫方法を教えてもらうことになりました。

待ちに待った収穫当日。これまでの過程を振り返るとともに、U先生だけでなくお米に詳しいU先生の家族もゲストとして招待し、機械を使わない収穫方法や稲刈り後の作業について話を聞きま

した。さらに、収穫されたお米が白米になるまでの工程を、籾、籾殻、糠、玄米といった実物を見ながら学びました。子どもたちは実際にそれらに触れたり、においを嗅いでみたり、興味津々の様子でした。「こっちのはくさい！」「これは手触りが気持ちいい」など、自主学習としてノートにまとめる姿もありました。

白米になる過程に触れる

　そして、いよいよ収穫です。自分たちが丁寧に育ててきた稲を鎌やハサミで収穫する姿は真剣そのものでした。収穫した稲は乾燥させるために、教わった通り束にしてしばり、学童保育施設のフェンスに「はざ掛け」をしました。「どれくらいの量になるかな？」「白米にしたらどうやって食べる？」と白米になるのを嬉しそうに作業していました。

稲刈り

迫力満点のポン菓子づくり

　収穫後、子どもたちとのサークルタイムで、自分たちが収穫したお米をどんなふうにして食べようか話し合いを行いました。収穫量がそれほど多くなかったことや、前年度にお米から「ポン菓子」をつくって食べた経験があったため、「ポン菓子」にして食べようということになりました。

刈った稲をはざ掛けする様子

　数週間経って稲が乾燥してきたころ、子どもたちは「はざ掛け」されていた稲を下し、稲から籾を取る脱穀を行いました。しかし、収穫したお米は、食べるには衛生的に適さない状態であったことから、購入したお米を使って「ポン菓子」をつくることにしました。地域の人に協力してもらい、ポン菓子をつくる機械にお米を投入するのですが、子どもたちは大きな機械と爆発にも似た音に驚きを

脱穀する様子

大きな音の出るポン菓子づくり

隠せない様子でした。

　収穫できたお米が「思っていたよりも少なかった」という声が多く聞かれましたが、半年ほどかけて丁寧に育ててきた過程があるからこそ、食べ物をつくる大変さやありがたさを実感できたのではないかと思います。

第3段階　探究を振り返り表現する

体験を発表することで学びが根づく

紙芝居や巻物で思い思いに伝える

　私は、子どもたちがした体験を一過性のものにせず、自分たちの財産にしてほしいと思っていました。そこで、「自分たちが体験したり学んだことを、ほかの子どもたちに伝えてみない？」と投げかけてみると、「紙芝居をつくる」「友達と一緒にやる」「緑の画用紙でつくりたいものがあるんだけど」と、一人ひとり違った方法を考え、まとめ作業に入っていきました。小学生ということもあり、その振り返りやまとめ方はあえて子どもたちに任せ、どんな発表になるか、私自身も楽しみにしていました。

　それから2か月ほど経ち、いよいよ発表の日。子どもたちは、お米の育て方やSDGsについて、それぞれの方法や内容で自分の学びを発表しました。発表方法で最も多かったのは紙芝居でした。文房具屋さんから寄付してもらったスケッチブックで紙芝居をつくるのがそのときのブームだったからです。そんな紙芝居で、食べ物の大切さやお米ができるまでをオリジナルのストーリーを作成して発表する子どももいました。また、「緑の画用紙がほしい」といっていたYさん（3年生）はお米ができるまでを巻き物風に仕上げ、発表しました。Tさん（4

自分たちの学びを発表している様子

紙芝居にして発表

子どもたちのまとめ

年生）とIさん（4年生）は、なぜお米づくりプロジェクトが始まったのかを2人で
まとめ、「食べ物の大切さに気づいてほしい」と発表しました。このような発表
を通して、自分たちの学びを振り返り、他者に伝えようとすることで、それらが
自分の中にしっかりと定着していっているようでした。

この活動を振り返って

　お米づくりプロジェクトを通して、子どもたちは食べ物について、他人ごと
ではなく自分ごととして考えるようになったと感じています。お米を育てる大
変さに気づくからこそ、食べ物のありがたさを知り、大切にするという流れは、
当たり前のことかもしれません。しかし、押しつけがましく進むのではなく、
子どもたちの興味から出発し、好奇心や探究心に突き動かされて展開していっ
たことに価値があると感じています。

　正直なところ、私自身がSDGsについて考え始めたのは、子どもたちとあま
り変わらない時期からです。SDGsを初めて知ったときは子どもたちにとって
難しいのではないかと思うところもありましたが、子どもたちには自分たちで
考え、自分たちで学ぼうとする姿がありました。

　私たちの学童保育施設は、約90名の子どもたちが利用しています。そのた
め、全員でお米づくりプロジェクトを進めることができず、興味があればいつ
でも加わってよいし、部分的に参加してもよいことにしていました。このよう
に、自分たちで「参加したい！」「学びたい！」と思い参加したからこそ、子ど
もたちは約半年にわたるプロジェクトに興味を失うことなく、自分ごととして
取り組むことができたように感じています。

　これからも、子どもたちの学びたいという意欲や態度、もっと知りたいとい
う探究心を丁寧に見取って、これらがより高まっていくよう、子どもたちと向
き合っていきたいと思います。そして、子どもたちの言葉の一つひとつに耳を
傾け、一緒に探究していくことを忘れないようにしたいと思います。

解説

　学童保育施設は、子どもたちにとって、大人にとって、どのような場所になり得るでしょうか。「保育」という言葉の通り、日中に保護者が家庭にいない小学生が放課後等に宿題をしたり遊んだりして過ごす場というイメージが強いように思います。つまり、家に帰るまでの「つなぎの場」として捉えられ、その教育的価値が重要視されていないのではないでしょうか。

　しかし、学童保育施設は、学校での教科ごとに分かれた学びを、教科や時間割にしばられることなくつなぎ合わせ、知恵に変えて行ける場です。学校では、学習内容が教科ごとに分かれていて、それぞれに学習する単元があり、それらをバランスよく経験するための時間割があります。しかし、子どもたちが生活する社会は、教科や単元に分かれているわけではありません。学校で教わったことを自分ごと化し、実社会や実生活の視点から捉え直すことが子どもたちの知恵になっていくのではないでしょうか。だからこそ、学校教育においても総合的な学習の時間が設けられています。そのような点から考えると、学童保育施設を教科や時間割にとらわれることのない実験場として捉えることができるはずです。それは、SDGsを考えるうえでも重要になります。

　なぜなら、SDGsの達成には、一人ひとりが身のまわりのことを自分ごと化すると同時に、自分が影響力を持つ存在であることを知り、主体的に行動しようとすることが大切だからです。学童保育施設で、小学校での学びをつなぎ合わせて実体験につなげていくことは、机上での学びだけでなく、行動の主体者としての自分自身を形成していくことにつながるのではないでしょうか。

　お米づくりプロジェクトでは、学校で学んだSDGsや生活科や理科・社会の知識をつなぎ合わせ、地域の人々の存在を感じながら、お米づくりを進めていきました。そして、収穫後は、その学びのプロセスを自分たちで振り返り、発表することで、行為主体としての自分自身に気づいていったのではないでしょうか。つまり、学童保育施設も大切なESD実践の場であるといえるのです。

第Ⅲ部

実践のヒント
―プロジェクト・アプローチでつながろう―

ここからは、保育の場におけるESD推進のあり方について
具体的に考えていきます。
第5章で、保育者のあり方を解説し、
第6章では、実践のあり方を説明します。

第5章

幼児期のESDにおいて 求められる保育者のあり方

1. 「体験」から「経験」へ

ESDを保育実践に取り入れる
にあたってまず押さえておきたい
のは、子どもはなにによって育つ
かという点です。子どもは「経験」
することによって育っていきま
す。やみくもにいろいろなことを
してもそれらは単なる「体験」で
あり、「経験」になるわけではあ
りません。というのも、「経験」は

色への関わりを豊かにする環境構成の一例

「体験」での気づきや学びを自分の中に取り入れたものだからです。

「体験」が「経験」となるためには、活動のプロセスが充実していることや、
活動の振り返りが重要になります。それらが豊かであるからこそ、子ども自身
が考え、試行錯誤し、知識や知恵として「経験」化されていくのです。

ですので、ESDにおいても、子どもたちと「ひと・もの・こと・場所」との
出会いや、そこでの関わり方を豊かにデザインしていくことが重要になるとい
えるでしょう。

水に興味を持ってマンホールを探す姿

神社で絵馬を購入する様子

　「ひと」との出会いとは、異年齢や異世代、異なる立場など、自分とは異なる人々との関わりのことです。「もの・こと」との出会いとは、たとえば、動植物との関わりや、リサイクル活動や人権、ジェンダーの問題といったことが考えられます。「場所」との出会いは、地域や公共の場など、園の外の世界に関わることを指します。つまり、保育活動に保護者や地域の人が関わったり、子どもが商店街に出かけていったりなど、今まで関わったことのないような人や場所とも関わったりして、活動を深めていくということです。これは、地域に開かれた保育を意味しています。こうした「ひと・もの・こと・場所」との出会いや関わりをデザインする際は、保育者の意図を大切にしつつも、子どもが自ら出会ったかのようにファシリテートしていくのが理想です。

2. より深く関われるよう保育をデザインする

　一方で、こうした「ひと・もの・こと・場所」との出会いをつくることだけに注力してしまうと、「○○という活動をすればよい」「異世代と交流すればよい」「商店街に行けばよい」という活動ベースの保育になってしまうおそれがあります。

　ここで大切になるのは、そうしたテーマにどのように向き合うのかという思考・態度の視点です。キーワードになるのは、熟考、再考、尊重、参画、主

体性です。「熟考」とは、もの
ごとを振り返ったり、いろん
な視点で見たり、よく考える
ということです。「再考」とは、
一度考えておしまいではなく
何度も考えること、「尊重」と
は、違いや違う考えを受け入
れ大切にすることです。これ
らは、Reflect（熟考）、Rethink
（再考）、Respect（尊重）の頭文

子どもの探究を支えるウェブマップ

字を取って3Rともいわれます。そして、「参画」や「主体性」は、子どもが積極
的に関わり、意思決定の主体になっていくということです。単に子どもがもの
ごとに平面的に関わるのではなく、より深く関わっていけるよう、大人が経験
や活動をデザインしていくことが大事になるのです。

　つまり、単に「○○をする」ということではなく、「子どもが考えを深め行動
する経験がそこにあるか」が大切になってくるわけです。ESDとは、自分の行
動がどんな影響を与えるかを考え、行動できる力を育むということです。よっ
て、保育者と子どもがパートナーシップ（対等な関係）の中で、持続可能な社
会に向けてともに歩むコミュニティをつくっていくことが大切になります。そ
のように考えると、子どもが「○○をする」ことだけを目的にしていては、考
えを深めることも、自分ごと化することにも至らないでしょう。「○○をする」
プロセスの中で、熟考、再考、尊重、参画、そして主体性を発揮していくこと
で、ものごとが自分とつながっていることや、自分の言動には影響力があるこ
とを知り、行動しようとする姿勢や態度を育んでいくのです。

　このとき保育者は、傍観的な立場や、上から物をいう立場ではなく、子ども
とともに探究する存在である必要があります。保育者もともに真剣に探究する
存在であるからこそ、まさにパートナーシップ関係になっていくといえるで
しょう。そして、こうしたパートナーシップ関係にあるためには、保育者自身
が日常的に持続可能性について考え、理解し、行動する一人の大人として存在
していることが不可欠なのはいうまでもありません（40ページ参照）。

3. 保育者に求められる4つのポイント

　ここからは、幼児期のESDとして保育者に求められる4つのポイントについて説明します。

> **ポイント 1** もの・こととの出会いを豊かにする
> **ポイント 2** ひと・場所との出会いを豊かにする
> **ポイント 3** 子どもの思考・態度を育む
> **ポイント 4** 子どもとともに探究する

ポイント 1 もの・こととの出会いを豊かにする

　幼児期のESDへのアプローチの一つめとして、もの・こととの出会いのデザインについて考えてみましょう。もの・ことというのは、SDGsで大切になる環境の側面として子どもが動植物や水といった様々な自然環境に触れたり、社会・経済の側面として人権、ジェンダー、リサイクル、仕事やお金などについて考える出会いを生むということです。

　一日の多くを過ごす保育の場は、子どもが様々なものごとに出会う場であり、多様性や国際化に向けて生きる準備の場ともいえます。そのため、まずは保育者が子どもの身近な出来事を取り上げ、投げかけることも大事になります。たとえば、クラスの子どもたちの中で、新しい家族ができたときやお母さんが妊娠してお腹が大きくなっているようなとき、そういった話題を取り上げてみることで、命や家族について考えるきっかけになります。そして、そこから子ども同士の様々な話し合いができるはずです。

　時事的な話題を取り上げることも大切です。災害やオリンピックなど、そのとき世間で話題になっていることです。幼児だからわからないだろうではなく、子どもたちがそれらの話題に触れることで、社会の中で起きていること、社会で生きていることに関心を持ち、自分と社会のつながりについて気づくきっかけになるはずです。

保育では、子どもの興味・関心を大切にするのは大前提ですが、子どもの興味・関心が立ち上がることだけに任せていては、子どもが出会うべき価値のあるものごとに出会えません。だからこそ、友だちや思いやり・違いといった人権につながるようなこと、自然体験、世の中の仕事やしくみなど、保育者がさりげなく子どもが自ら興味を持ったかのように出会いをデザインする必要があるのです。遠く離れた場所で自然災害が起きたとき、それをクラスで話題に取り上げる保育者もいれば、そうでない保育者もいるでしょう。なぜなら、それらは保育者の裁量に任されているからです。しかし、保育者が取り上げる話題によって、子どもたちのものごとへの出会いが変わります。

オリンピックとパラリンピックのプロジェクトコーナー

持続可能性を阻害するものごとに子どもたちが気づけるよう、以下のような話題を取り上げているか、日ごろの保育を振り返ってみましょう。

- 自然界について（自然や動植物などとの関わり）
- 環境や自然の保護について（自然と人や社会のつながりや循環など）
- 園と地域について（自分たちと地域とのつながりや関わり）
- 健康的な環境について（水や空気、環境に負荷を与えるものなど）
- ものの使い方について（適切な使い方や使いすぎの問題など）
- お金について（お金や世の中のしくみ、買い物など）
- ゴミについて（ゴミの削減や分別、リサイクルなど）
- 資源のわかちあいについて（共有することや共同で使うことなど）
- 本、おもちゃ、絵画などの表現について（固定概念的な見方や偏見、差別への気づき）
- 多様性について（違いへの受容や共感）
- 社会的公正と平等について（不平等や不公正への気づき）

鉛筆の削りかすで鉛筆づくり

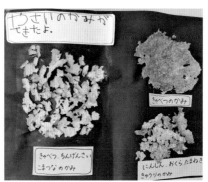
給食で出た廃棄野菜での紙づくり

水をきれいにする実験

本物に触れる

自然災害の写真を眺める

子どもの気づきを促す工夫

　また、保育環境を豊かにすることも大切です。それは、子どもがワクワクしながらものごとに向き合いたくなる環境です。そこでは、興味・関心を持ったものごとに継続して関われる探究的な環境づくりが大切になります。たとえば、本物の素材や道具のほか、調べたり測ったり比べたりできる道具があったり、テーマに関連する写真や本・図鑑、子どもが発見した言葉やつくった作品などが展示されているような環境です。こういった環境をつくるのは保育者の重要な役割の一つといえるでしょう。

　これらは多くの保育者がふだんしていることですが、それらをより意図的に考えながらやっていくことが大切になるのです。

ポイント 2　ひと・場所との出会いを豊かにする

　ひと・場所との出会いを豊かにするというのは、子どもが出会ったり話したりしたことのない人との出会いや、行ったり深く関わったりしたことのない場所との出会いをデザインするということです。

　たとえば、園での活動に保護者や地域の人が参加するようになると、子どもは様々な人と出会うことになります。車に興味を持っている子どもたちが、車関係の仕事をしている人の話を聞いたら、熱心に聞くことでしょう。また、年齢の異なる子どもたちや調理の先生、ふだん接することの少ない先生などとの関わりも、子どもたちの興味・関心を広げ、深めることでしょう。

　そして、子どもたち自身が園の外に飛び出して、様々な人や場所に出会いにいくことも可能です。つまり、子どもたちと一緒に園の外に出かけてみるということです。街を探検して気になるものをスケッチしたり、公共施設を利用してみたり、商店街に行ってインタビューしてみたりと、様々なことが考えられます。オンラインで世界中の人とつながることも可能です。

　今まで出会ったことのない人や関わったことのない場所と出会い、つながっ

手紙を投函する

石を探しにきた

公園に出かけて雲をスケッチ

栄養士に質問する様子

ていくことは、子どもたちの学びにつながり、そのものごとを自分ごと化することにもつながっていくことでしょう。第Ⅱ部で紹介した4つの事例においても、子どもたちが様々な人や場所と出会っているのがわかります。

　しかし、これらが一方的な保育者主導になってしまっては本末転倒です。なぜなら、そうした展開では「〇〇をすればよい」という活動ベースのESDになってしまうからです。そうならないために意識したいのが、「思考・態度を育む」という点です。

ポイント3 子どもの思考・態度を育む

　子どもの思考・態度を育むとは、子どもが「ひと・もの・こと・場所」に向き合う際に、子どもの熟考・再考・尊重・参画・主体性を大切にするということです。つまり、考えを深め行動する経験がそこにあるかということであり、そうした経験や活動をデザインしていくことが重要になります。それでは、子どもたちの熟考・再考・尊重・参画・主体性といった思考・態度を育むにはどうしたらよいでしょうか。それには以下の3つの鍵を紹介します。

- ■「問い」を意識する
- ■ 多様な見方・考え方を促す
- ■ 子どもの参画をデザインする

問い方で変わるりんごへの答え

「問い」を意識する

　「問い」は子どもの思考や態度を育むうえで大きな影響を持ちます。そのため、保育者は「なにを問いかけるのか」「どのように問いかけるのか」を意識することが大切です。

　たとえば、保育者が「りんご」を手にした状態で「これはなんですか？」と尋ねたら、子どもたちはなんと答えるでしょうか。多くは「りんご」と答えるでしょう。しかし、保育者が「私が手に持っているものについて教えて」と問いかけたら、反応は大きく変わるはずです。「りんご」という答えに限らず、色や形、大きさ、重さ、におい、どこで見つけられるかなど、様々な視点から答えることができるでしょう。同じものを目の前にしていても、問い方によって

子どもたちの反応は大きく様変わりするのです。

　人は問われることにより、それまでの経験や見聞きしたことを思い出し、考え始めます。しかし、人によって経験も違えば意見や考えも違うはずです。その違いは、子ども同士の対話を促します。先ほどの「りんご」の例でいえば、「ぼくは緑色のりんごを見たことがある」という子どもがいる一方で、見たことがない子どもがいるかもしれません。そこで対話が生まれるでしょうし、「じゃあ、本当かどうか調べてみよう」という展開にもつながっていくでしょう。

　このようなやりとりを促すきっかけとして、「問い」があります。子どもたちの探究に「問い」は欠かせない要素です。だからこそ保育者の問い方が重要な鍵を握り、意識して問いかけていく必要があります。なお、問い方の具体的なヒントは後ほど紹介します（120ページ参照）。

多様な見方・考え方を促す

　子ども同士のなにげない会話で、「男の子だからできるんだよ」「○○ちゃんは女の子だからピンクね」といったやりとりがなされることはないでしょうか。しかし実際は、男の子だからできるということではないでしょうし、女の子だからピンクでなければならないということはありません。つまり先ほどの会話

多様な見方・考え方を促す

は、子どもの中にすでに固定された考え方ができあがっていることを表しています。

　このような固定的な考えは、アンコンシャス・バイアス（無意識の偏見）と表現され、ものの見方や考え方の偏りや歪みのことを指します（25ページ参照）。これは、その人の過去の様々な経験からできあがるものですが、すでに幼児の段階でこのような見方・考え方ができているわけです。こうした見方・考え方は差別的な意識につながるだけでなく、「女の子だから警察官になれない」など、子どもの可能性を狭めてしまうことにもなりかねません。

　また、子どもは悪気なく率直に様々なことを表現します。たとえば、めがねを見慣れない子どもは、めがねをかけている子どもや大人をからかったり、

笑ったりすることもあるでしょう。

　保育者として、子どものそのような場面に出会ったとき、どのように関わるかが大切です。どうしてそう思ったのか、それは事実（本当）なのか、別の考え方はないのかなど、問いかけたり、別の事実があることを知らせたりするなどして、固定的な見方・考え方をほぐしていきましょう。

子どもの参画をデザインする

　「参画」は、第3章で説明したとおり、ESDの大事なポイントです。幼児期のESDでは、まずは身のまわりのものごとを自分ごととして捉え、自ら行動する姿を育むことが大切になります。それにはやはり、大人が決めたことに加わる「参加」ではなく、子どもがなにをす

自分の考えを表す姿

るかを決めたり、決めるプロセスに関わったりする「参画」であることが大切になります。そうした積み重ねが、身のまわりのものごとの自分ごと化や主体的な行動へとつながっていくはずです。第3章の内容を改めて確認し、図表6（34ページ）を参考にしながら、参画の段階をデザインしていってください。

ポイント 4　子どもとともに探究する

　幼児期のESDは、持続可能性に向かうコミュニティづくりであり、ともに学ぶパートナーシップが大切だと述べました（30ページ参照）。そのため、保育者と子どもはタテの関係ではなく、ヨコの関係で様々なものごとに向き合うことが大切になります。

　SDGsとは、身のまわりの問題を自分ごととして捉え、解決していくことでもあります。解決していない地球規模の問題に対し、「どうしたら解決できるだろうか」と考え、行動していくことが求められるわけですが、それは大人にとっても試行錯誤であるはずです。だからこそ、わかっている者がわかっていない者

に教えるというタテの関係ではなく、パート
ナーシップで解決していく必要があるのです。

　たとえば、次のような出来事がありました。
ゴミをテーマに探究していた子どもたちが、
「どうしたら他のクラスの友だちもゴミを分け
て（分別して）くれるようになるだろうか」と
考えました。保育者もどうしたらうまくいく
かわかりません。子どもたちと話し合った末、
分別したくなるようなロボット型のゴミ箱を
つくろうということになり、製作活動に夢中
になっていきました。

ゴミの分別を促すロボット

　このとき保育者は、答えを知っている者として子どもたちと関わっていたわ
けではありません。答えを知らない探究者として子どもと向き合い、ともに考
えていたからこそ、子どもたちの熱中・没頭につながっていったのではないで
しょうか。事例1の保育者も、給食で出た野菜のタネやお米を土に植えてどう
なるかについて答えを知っていたわけではないでしょう（46ページ参照）。まさ
に、保育者もドキドキワクワクしながら取り組んでいたわけです。そうした姿
勢が保育者の言動ににじみ出て、本気度として子どもに伝わっていくのです。

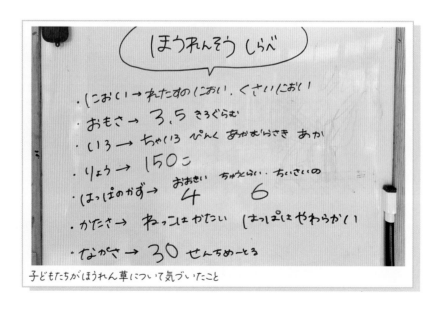
子どもたちがほうれん草について気づいたこと

第6章

幼児期のESDを
進めるための実践ヒント

　最後に、幼児期のESDを進めるための実践的なヒントをいくつかご紹介したいと思います。私たち社会福祉法人檸檬会は、ESDを進めていくうえで、つながる保育、すなわちプロジェクト・アプローチの視点が大いにヒントになると考えています。なぜなら、プロジェクト・アプローチには、子どもたちが身のまわりのものごとを自分ごと化していくことを手助けする要素が含まれているからです。

　子どもは「経験」によって成長すると述べましたが、このプロジェクト・アプローチには、「体験」が「体験」にとどまらず「経験」化していくための工夫があります。そして、そのような「経験」を積み重ねることで、子どもたちがものごとを自分ごと化し、自ら考え、行動する姿勢や態度につながっていくことでしょう。

　実際に、プロジェクト・アプローチに関する往還型研修を行い、実践に取り入れていったところ、様々な探究的な保育実践が生まれました。まさに、身のまわりのものごとを自分ごと化し、行動しようとする姿や、持続可能性に向かうコミュニティづくりとしての姿が数多く表れてきたのです。第II部に掲載した事例は、そうした実践例の一部です。

　では、具体的にどのような点がESD実践へとつながっていったのでしょうか。それは、まさに「なにをするか」ではなく、「どのように」進めるかというところに大切なヒントがあります。

1. つながる保育で実践する幼児期のESD

❶ つながる保育は3ステップで捉えよう

つながる保育、すなわちプロジェクト・アプローチでは、子どもの興味・関心（テーマ）に基づいた保育実践を、3つの段階で捉えます（図表7）。

図表7　3つの段階のイメージ図

第1段階	▶テーマやトピックを見つける・決める 子どもが興味・関心のあるテーマから深めていきたいテーマを見つける。
第2段階	▶探究する そのテーマについて調べたり確かめたりして探究する。
第3段階	▶探究を振り返り表現する 自分たちの気づきや学びを振り返り表現する。

出典：筆者作成

第1段階は、プロジェクトの始まりとして子どもが探究したいテーマを見つけ、焦点化していく段階です。第2段階は、プロジェクトの発展として、そのテーマについて調べたり、ゲストに話を聞いたり、フィールドワークに出かけたりして探究していく段階です。そして第3段階は、プロジェクトの締めくくりとして、自分たちの探究を振り返り、それを誰かに伝えようと表現する段階です。

色彩について探究する

子どもたちは日々いろいろなことに興味を持ちますが、それらは拡散的な好奇心といえます。保育者はそれらを把握しながら、子どもがなにに心がひかれ、なにに心が動いたのかを丁寧に見取ります。そして、子どもたちがそれらにおもしろがって向き合えるよう支えていくことが求められます。ただ、実際には次のような悩みがあるのではないでしょうか。

- ■ 子どもが興味・関心を持ったとしても、すぐに移り変わってしまう。
- ■ 子どもがワクワクするような環境構成が難しい。
- ■ 保育者が内容やテーマを設定する保育者主導型になってしまう。
- ■ 活動が単発になってしまう。

　とくにSDGsに関する活動となると、「○○をする」というように、つい保育者主導型になってしまうことが多いのではないでしょうか。そこで、子どもたちの活動をプロジェクト・アプローチの3つの段階で捉え、保育の活動をデザインしていくことによって、子どもの主体的な活動を引き出し、ESD実践へとつなげていきましょうということです。

❷ つながる保育の大まかな歩み方

　第1段階では、子どもたちの今の理解や知識を表し、わからないこと、知りたいことをあぶり出します。それらを実際に調べたり確かめたりすることで、興味・関心がさらに高まっていき、発見や気づきも増えていきます。一方で、わからないことや不思議に思うこと、うまくいかないことも出てくるでしょう。それらは、「もっと知りたい」「もっと確かめたい」という、深めていきたいテーマになっていきます。子どもたちが持った拡散的好奇心を知的好奇心に変えていく段階といえます。

　第2段階で深めていきたいテーマの探究をしていきます。様々な方法で調べたり試そうとしたり、つくったりする姿が現れるでしょう。それについて知っている人に尋ねたり、園に招いたり、園の外に出かけて話を聞きに行くこともあります。探究を進めることによって、子どもたちは様々な発見や気づきを得て、深い学びへとつながっていきます。

　第3段階は、子どもたちが学んだことを振り返り、表現する段階です。自分

たちはどんなことを学んだか、どんな発見や気づきがあったかを話し合います。そしてその学びを、いつ、誰に、どんな方法で伝えたいかを話し合います。子どもたちは表現に向けて、内容を考えたり表現方法を工夫したりする中で、あらためて学びの軌跡を振り返ることになるのです。

❸ きっちり分けなくても大丈夫

ただし、すべての活動をこの3段階で展開しなければならないわけではありません。また、「ここからは第2段階だ」というように、明確に段階で区分するものでもありません。

つながる保育のよいところは、保育者が3段階を意識することで、子どもたちの活動がぶつ切りになりにくくなることです。子どもたちの興味・関心が持続し深まって、「体験」ではなく「経験」として積み重なっていく姿をイメージしやすくなるため、保育者は活動をデザインしやすくなります。

第Ⅱ部の事例も、基本的にはこの3段階を意識して進められています。あらためて振り返ってみましょう。

PROJECT1　ほうれん草をつくりたい(43ページ)

子どもたちが野菜には育つ時期があることを知り、いま育てられる野菜を育てたいと熱が高まった第1段階。様々な関わりの中で季節的にほうれん草が適していることを知り、自分たちで育てていった第2段階。そして、ほうれん草を収穫し、大きくてきれいなものを農家さんに送ったり、ケーキにして食べるとともに、自分たちの学びを紙芝居にし、他のクラスの友だちにも伝えた第3段階、というように区分できます。

PROJECT2　商店街との関わりとお店屋さんごっこ(56ページ)

おかず横丁への散歩から、どんなお店があったかわかるようにしたいと地図づくりが始まった第1段階。地図づくりからお店屋さんごっこへと思いが高まり、お店づくりを進めた第2段階。そして、お店屋さんごっこを行うとともに、自分たちの活動を振り返る中でもっとたくさんの人に見てもらおうとする第3段階、と区分できます。

PROJECT3　自分たちが住んでいる街って？（68ページ）

　セブ島の子どもたちに自分たちの街を紹介したいと街についての興味が生まれた第1段階。その街に出かけて調べ、街をつくってみようとする第2段階。紙面では書かれていませんが、セブ島の子どもたちに街のことを伝える第3段階、と区分できるでしょう。

PROJECT4　お米づくりプロジェクト（80ページ）

　水から始まった興味が米づくりに移り、「自分たちも田植えをやってみよう」となった第1段階。自分たちで調べたり、地域の人と関わりながら田植えやお世話、収穫をした第2段階。自分たちの軌跡を振り返り、紙芝居などの方法で友だちに伝えた第3段階、という具合です。

2. つながる保育の実践ヒント

　つながる保育の実践に役立つ9つの具体的なヒントをお伝えします。子どもとの関わり方や計画のつくり方、家庭や地域との連携等について順番に説明していきます。

❶ サークルタイム ……………………… 108ページ
❷ 計画ウェブマップ …………………… 111ページ
❸ オープンクエスチョン ……………… 120ページ
❹ 環境づくり …………………………… 122ページ
❺ 様々な方法での探究 ………………… 130ページ
❻ 家庭との連携 ………………………… 132ページ
❼ ゲストの招待 ………………………… 133ページ
❽ フィールドワーク …………………… 135ページ
❾ 振り返りとしての表現 ……………… 136ページ

❶ サークルタイム

　繰り返しになりますが、ESDでは「参加」から「参画」への移行が重要です。「参加」はなにをするかを大人が決めて子どもはそれを行うこと、「参画」はなにをするかを子どもが決めたり子どもがいる場所で決まったりすることでした。「参画」を実現するためには、子どもがやりたいことを自分で考えたり、いえたりする場所が必要です。それがサークルタイムです。サークルタイムとは、読んで字のごとく、子どもたちと保育者が輪になって話し合う時間です。園によっては、別の呼び方をしているところもあるでしょう。

　サークルタイムでは、子どもだからわからないだろう、考えていないだろうと決めつけるのではなく、子どもの気持ちや考えに耳を傾けることが大切です。そして、子どもたちが自分の意見や考えをいえる場づくりが必要になります。また、話し合いの場でのルールを子どもたちと考え、つくり上げていってください。たとえば、人の話を最後まで聞くことや、一人が長々と話さないことなどがあげられるでしょう。子どもたちは自分たちでつくったルールだからこそ、それらを大切にするし、それらを守ろうとして声をかけあったりします。こうした対話も持続可能性に向かうコミュニティづくりにつながっていくでしょう。

　子どもの意見や考えの表現をうながす保育者の関わりも大切です。一度だけでなく何度も、自分の考えを表現する大切さを伝えていきましょう。そうすることで、そうした風土が醸成されていきます。保育者が話しすぎないことも大切です。保育者の中には、つい話しすぎてしまう人もいると思います。しかし、自分が話しすぎていることに気づかないケースは多いです。子どもたちと保育者のどちらがどれくらい話しているかを意識してみてください。

　このようなサークルタイムを習慣化していくことで、話し合う経験を積み重ね、子ども同士で対話する力が身についていきます。サークルタイムは、3つの種類に使い分けてみることをおすすめします。

- ■ **気持ちや考えを交わすサークルタイム**
- ■ **振り返るサークルタイム**
- ■ **見通しを持つサークルタイム**

気持ちや考えを交わすサークルタイム

　気持ちや考えを交わすサークルタイムとは、「わたしはこう思う」とか「ぼくは、それ見たことがある」というように、それぞれの考えや経験を持ち寄ったりして、対話していく場です。結論を見出すために開くこともあれば、結論を出すことが目的ではなく、お互いの意見を知るための場になることもあるでしょう。いずれにせよ、お互いが意見を出しやすい雰囲気づくりが欠かせません。

　みんなの前で意見をいうのが苦手な子どももいます。そんなときは、保育者が「まず先生に教えてくれる？」などその子どもが話しやすい環境をつくったり、少し前に意見を聞いておいて「さっき、○○さんは、こういうことをいってたよ」と代弁したりすることもできます（「参画」の第2段階。34ページ参照）。

　第Ⅱ部の事例でいえば、事例3で「この街について知っていることってどんなこと？」「この街にはどんなものがある？」「お金ってどこから来ていると思う？」と話し合った場面や、事例4で「水ってなんだろう？」という問いに様々な意見を表現したのが、気持ちや考えを交わすサークルタイムといえます。

振り返るサークルタイム

　振り返るサークルタイムとは、主にその日にあった出来事について、「どんなことをした？」と夕方の時間帯などに振り返るものです。子どもたちの「体験」は「経験」になることで学びになっていきます。そのための鍵の一つが、振り返りです。子どもたちは自分が「体験」したことをあらためて振り返ることで、その意味を理解したり、考えを深めたりし、「経験」に昇華していきます。活動のあとに振り返るサークルタイムを設けることで、「どんな気持ちだったか」「どうしたらうまくいったのか」などに気づき、「体験」を「経験」にしていくことができるでしょう。

　保育の場では、みんなが同じことをするのではなく、それぞれがいろんな遊びをして過ごしています。ある子どもは積み木に熱中していたり、別の子どもはコマ回しに熱中していたりします。だからこそ、一日の終わりのサークルタイムで、「どんなことをした？」「どんな発見があった？」「どんなところが難しかった？」「どんな工夫をした？」と振り返っていくことで、自分はもちろん、友だちの学びや気づきにも触れることができるのです。

こうした共有は、「自分もやってみたい」「次はこんなことをしてみたい」というように、次の活動展開の足がかりとなっていきます。ですので、子どもの経験を豊かにしていくためにも、夕方にその日の出来事を振り返るサークルタイムを習慣化していきましょう。

サークルタイムで振り返る

事例1では、農家さんと話したその日のうちに振り返るサークルタイムを行っているのがわかります。記憶も新しいホカホカした気持ちで行ったからこそ、ほうれん草ができたら「農家さんに届けてあげよう」という意見が出てきたのではないでしょうか。

事例2では、おかず横丁に行ってどんなお店があったかを振り返る中で、地図をつくってわかるようにしようという展開につながっています。

事例3においても、図書館から帰ってきたあとのサークルタイムで「機械でやるとどうだった？」と振り返り、手渡しは「あったかい気持ちになった」「笑顔がうれしかった」という気づきや共有につながっています。このように、活動の振り返りは子どもたちを次の展開へといざないます。

日単位の振り返りだけでなく、長期にわたって取り組んだ活動全体を振り返るサークルタイムも大切です。たとえば、運動会やプロジェクトなど長期にわたる活動が終わったときなどに一連の流れを振り返るサークルタイムです。日単位の振り返りよりも、様々な気づきを得られることでしょう。

事例1や事例4においても、子どもたち自身が自分たちがしてきたことを振り返り、「体験」を「経験」につなげているのが読み取れると思います。

なお、振り返りの際は、子どもたちが振り返りやすくなる工夫があるとよいでしょう。たとえば、子どもたちが取り組んでいた様子の写真や動画を見せたり、子どもたちが使った道具などを示したりすると、子どもたちはそのときのことを思い出しやすくなります。

見通しを持つサークルタイム

　振り返るサークルタイムを行っていくと、おのずと子どもたちから「次はこんなことをしてみたい」というアイデアや気持ちが湧いてくるでしょう。そうしたことを話し合うのが見通しを持つサークルタイムです。そのため、夕方のサークルタイムは、振り返るサークルタイムであると同時に、「明日はどんなふうにする?」「どんなことしてみたい?」と見通しを持つサークルタイムになることも多いです。

　ところで、「見通しを持つ」とはどのようなことを意味するのでしょうか。それは、子どもたちが「なにを、いつ、どこで、誰と、どのようにするか」をイメージするということです。すなわち、見通しを持つサークルタイムでは、子どもたちがそれらをイメージできるような問いが求められます。

　たとえば、「どうしたらこのねぎのにおいが消えるのかな?(事例1)」「どんなお店屋さんごっこにする?(事例2)」「どうすればお家の人を含めて、ほかの人に知ってもらえるだろうか?(事例3)」といったものです。ちなみに、これらの問いに共通しているのは、「オープンクエスチョン」です。これはとても大切なことなので、120ページであらためて解説します。

　見通しを持つサークルタイムは、夕方だけでなく、一日の活動が始まる際に設けてみることをおすすめします。そうすることで「今日はこんなことをしたい」「あんなことをしたい」と子どもたちは自覚を持ち、主体的に取り組むことにつながっていきます。その際に、「昨日はどんなことをした?」と前日の振り返りから始めると、それまでのことを思い出し、見通しを持ちやすくなるでしょう。

❷ 計画ウェブマップ

　サークルタイムという自分たちの考えや意見を表す場があることで、子ども同士の話し合いが生まれます。ESDにおける話し合いは、「会話」ではなく「対話」でありたいものです。なぜなら、「会話」はいわゆる「おしゃべり」のことですが、「対話」は「おしゃべり」を超えて、そのテーマを深めたり、違いを理解しようとしたり、どうしたらよいかをともに考える姿だからです。

　では、どのようにしたら「対話」が生まれるのでしょうか。それには「テーマ」が鍵の一つとなります。テーマとは「問いのデザイン」といえるでしょう。つま

り、問いのデザイン次第で、単なる「会話」で終わることもあれば、より深く話し合うことにもなります。たとえば、「今日の天気は？」と問われると、「今日は晴れです」とか「いつもより暑いですね」といった「会話」になります。しかし、「今日の天気は、晴れか曇り、どっちだと思う？」とか「晴れと曇りの境目はどこだろう？」という問いになると、「対話」が生まれやすくなります。このように同じものについて話す場合でも、どのような問いをデザインするかによって、話し合いが「会話」から「対話」になっていくのです。

　こうした問いのデザインは難しく感じるかもしれませんが、計画ウェブマップを書くことで問いを立てやすくなります。ウェブとは「くもの巣」のことを指し、関連することをくもの巣のように書き出していくものです。つまり、子どもが興味を持ったり保育者として取り上げたいテーマについて、保育者が事前にウェブマップを書いておくことで、問いをデザインしやすくなります。事前に書くウェブマップであるため、「計画ウェブマップ」と呼んでいます。

　計画ウェブマップは、次のような視点で書いていくとよいでしょう。

- ■ 子どもがしそうな行動
- ■ 子どもが出会いそうなキーワード
- ■ 子どもが持ちそうな疑問
- ■ テーマに関連する物的環境（素材、道具）
- ■ テーマに関連する教材
　（図鑑、絵本、写真、新聞、チラシ、雑誌、映像など）
- ■ テーマについて詳しそうな人、場所
- ■ 関連する事柄
- ■ 想定されるねらい
- ■ 子どもの探究につながりそうな保育者の問いかけ

　上記のような視点をもとに、それぞれに思い浮かんだことを書き出してつなげていくと、子どもたちが興味・関心を持ちそうなことや、学ぶ価値のある方向性への見通しを持つことができます。そして、最後に示している視点「子どもの探究につながりそうな保育者の問いかけ」が、まさに問いのデザインになりま

す。保育者としてどのような問いを投げかけたら子どもたちに「対話」が生まれるだろうかと、見通しを持って関わることができるでしょう。

　次からは、粘土遊びでパンづくりが始まり熱中し始めた際、実際に保育者が書いたものを参考にして、どのように計画ウェブマップをつくるかを一緒に考えていきましょう。

子どもがしそうな行動

　まずは、子どもがしそうな行動をイメージしてみましょう。以下のような行動が考えられるのではないでしょうか。

■ 粘土で様々なパンをつくる。
■ 本物のパンのようにつくろうとする。
■ パン屋さんごっこをする。
■ パン屋さんに必要なものをつくる（メニュー、レジ、お金など）。
■ パン屋だけでなく様々なお店に興味を持つ。

本物のようにつくった様々なパン

子どもが出会いそうなキーワード

　そのテーマについて遊んだり関わったりすることで、子どもはどんな言葉に新しく出会うでしょうか。そうしたものを想像して書き出してみます。

■ ごはん・たべもの
■ 小麦粉
■ 焼く
■ 膨らむ
■ 食パン・菓子パン・総菜パン
■ お店

子どもが持ちそうな疑問

　そうした関わりの中で、子どもが不思議に思いそうなことを想像してみます。

- ■ パンはどうやってつくるの？
- ■ パンは誰がつくっているの？
- ■ パンはなにからできているの？
- ■ どんなパンの種類があるの？
- ■ パンの種類によってつくり方は違うの？

テーマに関連する物的環境（素材、道具）

そのテーマに関する遊びや活動において、どんな物的環境があるとより豊かになっていくでしょうか。

- ■ 粘土
  （紙粘土・油粘土・土粘土など）
- ■ 粘土遊びの道具（ヘラ・型抜き）
- ■ 絵の具
- ■ パン屋の帽子
- ■ エプロン
- ■ トレイ、トング
- ■ レジ・お金

パンづくりに関するプロジェクトコーナー

テーマに関連する教材（図鑑、絵本、写真、新聞、チラシ、雑誌、映像など）

子どもが日々の生活での経験を思い出したり、新たな気づきをうながす教材を想定することも大切です。教材があることで、子どもの学びや関わりがより豊かになっていきます。たとえば、次のようなものが考えられます。

- ■ 様々なパンの写真
- ■『からすのパンやさん』
  （かこさとし作・絵、偕成社）
- ■ スーパーのチラシ
- ■ パン特集の雑誌

テーマについて詳しそうなひと、場所

子どもたちの学びは、園の中だけではありません。そのテーマについて詳しい人を園に招待したり、園の外に出かけていくこともできるでしょう。どういった人や場所が想定されるかイメージしてみます。

■ 給食の先生
■ 近所のパン屋さん
■ 給食の食材業者さん
■ パンの仕事に関わる保護者
■ パン教室の先生

栄養士にパンづくりについて教えてもらう

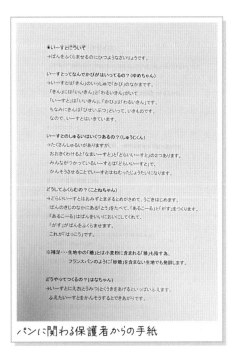
パンに関わる保護者からの手紙

関連する事柄

　そのテーマから派生しそうなことへも視野を広げてみます。そうすることで、幅広い視点で子どもたちの興味・関心の広がりへの仮説を持つことができます。

■ スーパー　　　　　■ 配達
■ 野菜、果物　　　　■ もったいない（残食）
■ お金、値段

想定されるねらい

　活動が展開されるにあたって、どのようなねらいが想定されるかを考えてみます。保育者として、子どもたちにどんな経験をしてほしいと思うでしょうか。また、どのような気づきや学び

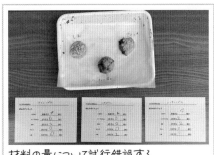
材料の量について試行錯誤する

が生まれてほしいと願うでしょうか。それらを意識することで、保育者としての関わりが変わってくるはずです。

> ■ パンづくりを通して身近な食べ物に興味を持って知ろうとする。
> ■ 身近なものの成り立ちへの興味を持つ。
> ■ 実物のパンへの関心を持って表現しようとする中で、形や色、大きさ、量などへの理解を深める。
> ■ つくり手の気持ちがわかり、もったいないという意識が芽ばえる。

子どもの探究につながりそうな保育者の問いかけ

　子どもたちは自らものごとに関わり、興味・関心を深めていきますが、保育者の問いかけによって、考えを深めるきっかけを持ちます。それこそが「会話」から「対話」につながる問いのデザインです。ここでは、子どもたちの学びや気づきにつながるような保育者の問いかけとして、どのようなものが想定できるかを考えてみましょう。

> ■ パンはどうやってつくると思う？
> ■ どこに行けばパンのことがわかる？
> ■ 誰に聞けばパンのことがわかる？
> ■ パンは余ったらどうなると思う？
> ■ パンがなかったらどうなると思う？

　第Ⅱ部で紹介した事例から、子どもの探究につながった問いかけを見てみましょう。

事例1：「どうしたらこのねぎのにおいが消えるのかな？」
　　　　　「なぜねぎにはタネがないのにオクラにはあるのか？」
　　　　　「野菜をつくっている人ってどうやったらわかるんだろう？」
事例2：「どうすると（なんのお店があったか）わかると思う？」
　　　　　「どうやって地図をつくったらいいか？」
　　　　　「字が書けなかったり、読めない人にも見てもらうためにはどうしたらいい？」

事例3：「駅の中にはどんなものがある？」

　　　　「保育園の中にほかにも自動で動くものはあるかな？」

事例4：「どうすればお家の人を含め、ほかの人に知ってもらえるだろうか？」

　　　　「お米ってどうやって収穫すると思う？」

　どの問いも、その後の子どもたちの探究的な活動につながっているのが読み取れます。このような問いは、慣れてくるとその場のやりとりで臨機応変にできるようになりますが、慣れないうちは、子どもたちの学びに見通しを持ち、どのような問いが子どもの対話や探究につながりそうかを意識しておくことが重要です。子どもは放っておいても主体的になるわけではありません。保育者の事前準備や環境構成、関わりによって、主体的な姿が引き出されるのです。

　ただし、保育者が想定した通りに保育を進めるわけではありません。なぜならば、事前の想定はあくまでも仮説だからです。計画ウェブマップでイメージした様々な姿やあり方は、指導計画と同様に予想や仮説です。その通りに進めようとせず、臨機応変に対応していくことが大切です。計画ウェブマップで予想や仮説を立てておくのは、やみくもな展開ではなく、学びの方向性を見通した環境構成や関わりを可能にするのと同時に、子どもの反応にスムーズに対応するためなのです。このあたりの感覚は、実際に計画ウェブマップを書いて保育を実践してみることで納得がいく部分が多いと思います。ぜひ計画ウェブマップを書いてみてください。

図表8　パンをめぐる計画ウェブマップの一例

… 探究につながりそうな保育者の問いかけ

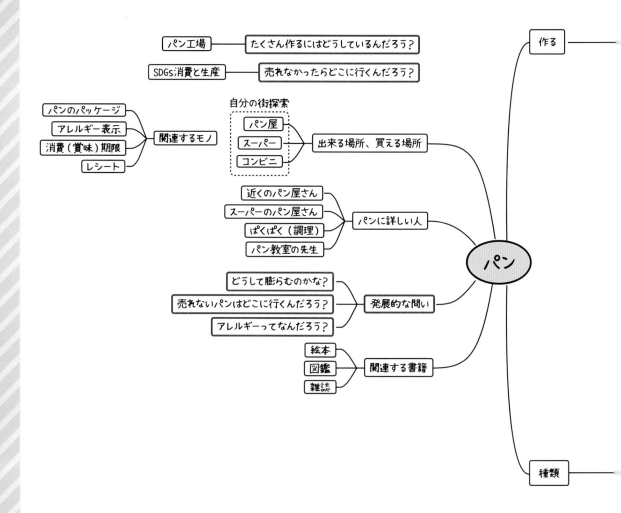

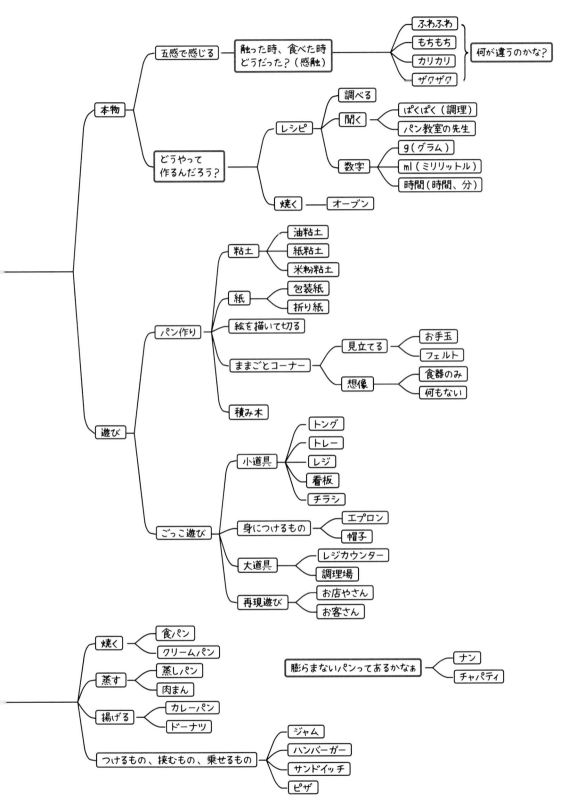

本物
├─ 五感で感じる ─ 触った時、食べた時 どうだった？（感触）
│   ├─ ふわふわ
│   ├─ もちもち ┐
│   ├─ カリカリ ├─ 何が違うのかな？
│   └─ ザクザク ┘
└─ どうやって 作るんだろう？
       ├─ レシピ
       │   ├─ 調べる
       │   ├─ 聞く
       │   │   ├─ ぱくぱく（調理）
       │   │   └─ パン教室の先生
       │   └─ 数字
       │   ├─ g（グラム）
       │   ├─ ml（ミリリットル）
       │   └─ 時間（時間、分）
       └─ 焼く ── オーブン

遊び
├─ パン作り
│   ├─ 粘土
│   │   ├─ 油粘土
│   │   ├─ 紙粘土
│   │   └─ 米粉粘土
│   ├─ 紙
│   │   ├─ 包装紙
│   │   └─ 折り紙
│   ├─ 絵を描いて切る
│   ├─ ままごとコーナー
│   │   ├─ 見立てる
│   │   │   ├─ お手玉
│   │   │   └─ フェルト
│   │   └─ 想像
│   │   ├─ 食器のみ
│   │   └─ 何もない
│   └─ 積み木
└─ ごっこ遊び
     ├─ 小道具
     │   ├─ トング
     │   ├─ トレー
     │   ├─ レジ
     │   ├─ 看板
     │   └─ チラシ
     ├─ 身につけるもの
     │   ├─ エプロン
     │   └─ 帽子
     ├─ 大道具
     │   ├─ レジカウンター
     │   └─ 調理場
     └─ 再現遊び
          ├─ お店やさん
          └─ お客さん

焼く
├─ 食パン
└─ クリームパン
蒸す
├─ 蒸しパン
└─ 肉まん
揚げる
├─ カレーパン
└─ ドーナツ
つけるもの、挟むもの、乗せるもの
├─ ジャム
├─ ハンバーガー
├─ サンドイッチ
└─ ピザ

膨らまないパンってあるかなぁ
├─ ナン
└─ チャパティ

出典：レイモンド下高井戸保育園の緒方優果さん作成分を一部修正

❸ オープンクエスチョン

　子どもたちがものごとを自分ごと化し、主体的に行動していくには、対話や問いのデザインが大切だと述べました。そして、いくつかの問いの例を紹介してきましたが、共通点があるのに気づいたでしょうか。

　それらは、どれも「はい」や「いいえ」では答えられない、オープンクエスチョンです。反対に「はい」「いいえ」で答えられるのは、クローズドクエスチョンといいます。保育現場ではよく、保育者が「楽しかった人？」と聞いて、子どもが一斉に「はーい！」と答える場面を目にします。あるいは「上手にできましたか？」と問いかけ、同じように子どもが「はーい！」と答える場面もあるでしょう。こうしたクローズドクエスチョンでは、なかなか対話にはつながりません。

　子どもたちから引き出したいのは、「なにが楽しかったのか」「どんな発見があったのか」「うまくいくためにどのような工夫をしたのか」ということではないでしょうか。ところが、クローズドクエスチョンで進めてしまうと、子どもたちとの会話は一方通行になりがちで、対話になりません。すると保育者は、さらに話し続けることとなり、子どもたちから自分の考えや意見を表現する機会を奪ってしまいます。

　ところが、オープンクエスチョンで問いかけてみると、子どもたちが自ら考え、探究する姿につながっていくのです。まず、子どもたちがなにかに興味を持ったときやこれから活動を始めるとき、「○○についてどんなことを知ってる？」「○○について知っていることを教えて」というオープンクエスチョンで尋ねてみてください。事例1では、農家さんについて知っていることを尋ね、事例3では「この街について知っていること」、事例4でも「水について知っていること」を尋ねています。まずは子どもたちが知っていることを尋ね、いまの知識を整理することで、そのものごとに対する全体像が見えてきます。それと同時に、はっきりとわかっていないことや知りたいことがあぶり出されてくるはずです。それらは自分たちから出た疑問だからこそ、子どもたちは自分ごととして向き合っていくのです。

　そして、子どもたちがアイデアを出し始めたら、以下のようなオープンクエスチョンで問いかけてみましょう。

- どうしてそう思ったの？
- なぜだと思う？
- どうなると思う？
- ○○したらどうなると思う？
- どうしたらわかると思う？うまくいくと思う？
- なにがあるとうまくいくと思う？
- ほかにどんなことができると思う？あると思う？
- 誰なら知っていると思う？
- ほかにどんなところに行けると思う？
- 次はどんなことしたい？

　こうした問いを投げかけることで、子どもたちはさらに考え始め、自分なりの意見や考えを表そうとするでしょう。そして、自分たちのアイデアを実現しようとするからこそ、大人が決めたことに関わる「参加」ではなく、なにをするかを自分たちが決めたり、決めるプロセスに関わる「参画」につながっていきます。実際に、「どうしたらこのねぎのにおいが消えるのかな？（事例1）」や、「野菜をつくっている人って、どうやったらわかるんだろう？（事例1）」「ほうれん草はどれくらいいるのかなあ？（事例1）」「字が書けなかったり、読めない人にも見てもらうためにはどうしたらいい？（事例2）」「これは誰がつくったと思う？（事例3）」「誰なら羽根つき餃子について知っていると思う？（事例3）」「お米ってどうやって収穫すると思う？（事例4）」と問いかけることで、子どもたちの探究が深まっているのがわかります。

　一方で、探究には振り返りが欠かせません。振り返りの際のオープンクエスチョンとしては以下のような問いが有効です。

- どんなことをしたの？
- どんなものを使ったの？
- どんなふうにしたの？
- どこでしたの？誰としたの？
- どんなところが難しかった？
- どんなところを工夫した？
- どんなことがわかった？発見した？
- ほかにはどんなことがあると思う？
- 次はどんなことをしてみたい？

サークルタイムでパンづくりの話し合い

自分の意見をみんなに発表する

　事例1でも、農家さんに話を聞いた際、聞いたことや初めて知ったことなどを振り返ったりして、そのつど振り返りの時間を設けていることがわかります。このときオープンクエスチョンで振り返ることで、子どもたちの「体験」は「経験」となり、学びにつながっていくのです。

　問いかけてもなかなか意見が出てこないとき、保育者としてはその時間を非常に長く感じるでしょう。しかし、子どもたちを信じて、いつもより長く待ってみてください。そうすることで少しずつ話し始め、自ら考える習慣や経験が身についていき、対話的な関係性になっていくことでしょう。

　なお、こういったオープンクエスチョンは、いざやろうと思うと意外と難しいものです。というのも、意識しておかないと、ついクローズドクエスチョンになってしまうからです。「今日は楽しかった？」「明日、○○をやってみる？」というようにです。もちろん、クローズドクエスチョンが悪いわけではありません。クローズドクエスチョンのほうが答えやすい面もありますし、保育者としても意図する方向に導きやすいのも事実です。しかし、それだけでは子どもの探究につながりにくいため、オープンクエスチョンで関われるよう意識的に取り組んでみてください。

❹ 環境づくり

　子どもたちは身近な環境との関わりを通して学んでいくため、環境の充実は保育にとって大切なポイントであり、幼児期のESDでも同様です。ここでは以下の視点で環境づくりを考えてみましょう。

■ プロジェクトコーナー

■ 本物の道具や素材

■ オープンエンドな素材

■ 調べたり測ったりするもの

■ 子どもの探究の可視化（見える化）

■ プロジェクトボード

環境の豊かさが探究を深める

プロジェクトコーナー

　保育室の中には、絵本を読んだり、ごっこ遊びや積木遊びなどができる場所（コーナー）が設けられていると思います。こうしたコーナーの中に、ブームに関する活動コーナー、つまりプロジェクトコーナーを設けることをおすすめします。野菜について盛り上がっていたら野菜のコーナー、オリンピックについて盛り上がっていたらオリンピックのコーナーといった具合です。

　プロジェクトコーナーには、そのテーマに関する絵本や図鑑、写真、素材や道具などを置いてみましょう。そうすることで、子どもたちは興味・関心のある対象にいつでも関われるため、それが持続したり、広がり・深まりにもつながります。そして、子どもたちがつくったり表現したりしたものを置いておくと、話し合う姿も見られるでしょう。

　事例1では、野菜に関するプロジェクトコーナーを設置して図鑑や実験結果を展示し、子どもの興味・関心を喚起したり持続させているのがわかります。事例3では、様々な素材で街づくりを進めている場所そのものがプロジェクトコーナーといえるでしょう。こうした環境構成は、計画ウェブマップを書くことでアイデアが浮かんでくるはずです。

　このように、いつも決まったコーナーがあるだけでなく、子どもたちの興味・関心の盛り上がりに応じたコーナーを設けていくと、子どもたちはそれらをより自分ごととして捉えやすくなっていきます。

虫について図鑑で調べる

セミに関するプロジェクトコーナー

野菜のプロジェクトコーナーで探究する様子

鉛筆づくりのプロジェクトコーナー（学童保育）

本物の道具や素材

　本物の道具や素材は、子どもたちの好奇心を刺激します。そのため、子どもが興味・関心を持っているテーマに関する本物の道具や素材を保育室に持ち込んでみましょう。たとえば、食べ物について興味を持っているようであればその実物であったり、職人さんが使っているような道具のことを指します。

　そうした本物を示して「今日はこんなものを持ってきたんだけど、なんだと思う？」のように問いかけることで、子どもたちは様々なことを想像しはじめるでしょう。そしてそれを使ってみたくなったり、同じようなものをつくってみたくなったり、新たな疑問が生まれたりして活動が展開していきます。

　なお、テーマに関する本物の道具や素材が手に入りにくいケースもあると思います。そうしたときは同僚や保護者に協力を呼びかけてみると、集まること

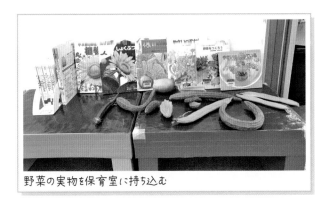
野菜の実物を保育室に持ち込む

葉の実際の大きさを描く

も多いでしょう。様々な職業の保護者がいるはずですので、ともに子どもたちの学びを支え合う関係性になっていくとよいと思います。事例4では、地域の人に持ってきていただいた精米過程の実物に触れることで、子どもたちの学びが深まっています。

トマトのタネを取り出そうとする姿

オープンエンドな素材

　オープンエンドな素材とは、使い方が限定されていない素材のことを指します。たとえば、紙や空き箱などは、描くことも重ねることも、折ったり組み立てることもできます。つまり、工夫次第で様々な使い方ができるわけです。ペットボトルのキャップは、本来キャップとしての用途がありますが、遊びで使う場合は、重ねたり並べたりすることができ、使い方が限定されていません。このようなオープンエンドな素材が身近にあると、子どもたちは自分のイメージに応じて、自由に使ったり組み合わせたりと活用していくことができます。幼児期の子どもたちはクリエイティブな存在です。子どもが出会ったテーマについて、様々な方法で表現していくことで、そのテーマを自分ごと化しやすくなります。子どもたちが思う存分、表現したり試したりできるよう、オープンエンドな素材を豊富に用意してみましょう。そして、保育者から許可されたときにだけ使うのではなく、子どもが使いたいときに使えることが大切です。

街に出てオープンエンドな
素材を集める

オープンエンド素材でつくったアイスクリーム

　なお、こうしたオープンエンドな素材は、新聞やチラシ、空き箱など日常生活から出ることもあれば、ドングリや葉っぱ、石など自然界で見つけることもできます。また、100円均一ショップやホームセンターでも、毛糸や針金、カラーモールなどを手ごろな価格で手に入れることもできます。

　事例2では、地域からいただいた和紙や布などをオープンエンドな素材として用意することで、子どもたちがそれらを使ってお店屋さんごっこを進めています。事例3でも、子どもたちが思い思いに街をつくれるよう、オープンエンドな素材を用意しています。なお、オープンエンドな素材の多くは、リサイクルにまわせるものが多いと思います。使う量やものについて、子どもたちと話し合うことも大切です。

調べたり測ったりするもの

　子どもたちは、興味のあることについて自ら知ろうとしたり発見したりすることで、そのものごとを自分ごと化していきます。そのため、テーマに関する絵本や図鑑があるだけでなく、子どもが手触り感を持って調べられる以下のような道具もあるとよいでしょう。

- 詳しく見るもの（虫眼鏡、マイクロスコープ、双眼鏡など）
- 長さを測るもの（定規、巻き尺など）
- 重さを計るもの（はかり、キッチンスケールなど）
- 音を聴くもの（聴診器、ICレコーダーなど）

さつまいもの重さを計る

計量スプーンを使う

このような道具は子どもたちの探究を支えます。与えられた情報だけで考えるのではなく、自分で確かめるという能動的な行動・態度にもつながっていきます。事例1では、キッチンスケールでほうれん草の重さを計ったり、事例1や事例4では、ほうれん草や稲の長さを定規で測る姿があります。

マイクロスコープで調べる

子どもの探究の可視化（見える化）

子どもたちの探究が始まったら、保育者はその探究の様子を可視化していきましょう。可視化とは、見てわかるようにするということです。保育はなにもしないと日々の出来事が流れていってしまいます。それでは子どもたちが学びを振り返りにくかったり深めづらくなるため、「体験」を「経験」とするためにも、子どもの探究を可視化していきましょう。具体的には以下の方法が考えられます。

- 写真や動画を撮って示す。
- 子どもが発見したキーワードを書いて掲示する。
- ドキュメンテーションをつくって掲示する。
- グラフや表にする。
- 子どもがつくったものを展示する。

サークルタイムで子どもから出てきた意見をウェブマップとしてまとめていくことも効果的です。イーゼルやホワイトボードを囲んでサークルタイムを行い、保育者は子どもから出た意見を書き加えながら進めていきます。子どもたちは、自分の発言がイーゼル等に書かれることが嬉しくて発言しはじめる姿もあるでしょう。さらに、自分たちの発言がそこに残っているため、それを見て後から振り返ることもできます。また、わかったことやわからないことを整理したりして、次の探究につなげていくこともできるでしょう。

見比べられるようにする工夫（紙づくり）

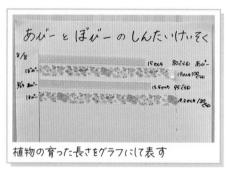

植物の育った長さをグラフにして表す

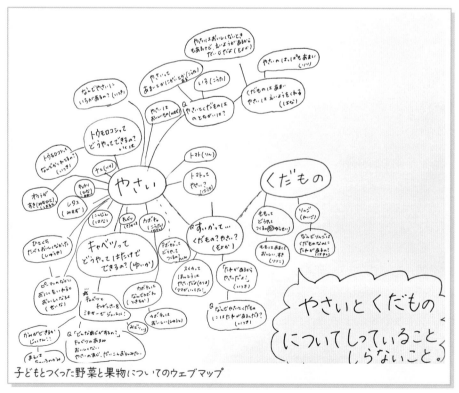

子どもとつくった野菜と果物についてのウェブマップ

プロジェクトボード

　プロジェクトボードとは、子どもたちが盛り上がっているテーマに関することを掲示していく場所のことです。具体的には、ホワイトボードや模造紙にテーマに関する写真や地図などが貼られていたり、子どもが発見したことやキーワードが書かれていたりと、それまでの軌跡を感じ取れるものといえます。

　こうしたプロジェクトボードが、プロジェクトコーナーにあるとなおよいでしょう。なぜなら、子ども自身がそれを見て振り返ったり、話し合いにつながったりもするからです。また、プロジェクトボードを囲んでサークルタイムを行うことで、「これまでこんな発見があったね」と振り返ったり、子どもたちに注目してほしい言葉などに焦点を当てて話すこともできます。

　そうした話し合いを重ねながら、プロジェクトボードに新しい発見などを継ぎ足したりして、どんどん更新していきましょう。

プロジェクトボードに表す子どもの探究

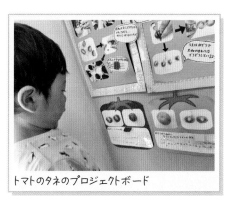

トマトのタネのプロジェクトボード

実物を貼り付けたプロジェクトボード

❺ 様々な方法での探究

　子どもたちは、ものごとに関わることで学びを深めていきます。ということは、その関わり方が豊かであるほど、学びにつながっていくということです。そのため、子どもたちが多様な方法で探究できるよう支えていきましょう。

　たとえば、正面から見て絵を描いていたら、横や後ろから見て描くことや粘土などで立体的につくることを促すといったことです。あるいは、大きさを変えてつくってみたり、新たな道具を使ってみたりするのもよいでしょう。また、長さに関心を持っていたら重さを促したりすることで、新たな視点に気づいていくことでしょう。事例1において、子どもたちが様々な方法でねぎのにおいを消そうとしていたことは、これに当てはまります。図表9を参考にしながら、子どもたちの様々な探究をデザインしていきましょう。

図表9　様々な探究のあり方

感じる	変化を見る	表す
● 触れる	● 混ぜる	● 書く
● 嗅ぐ	● つぶす	● 描く
● 聞く	● 浸す	● 塗る
● 持つ	● 乾かす	● つくる
● 重さを感じる	● 折る	● 身体で表す
● 大きさを感じる	● 切る	● 写真を撮る
● 長さを感じる	● 分解する	● スケッチする
● 実物を見る	● 砕く	● 物語をつくる
	● 動かす	● 歌う
		● 踊る

整理する	探す	わかる
● 集める	● 眺める	● はかる
● 並べる	● 探し出す	● 比べる
● 分ける	● 探し回る	● 話を聴く
● 選ぶ	● 突き止める	● インタビューする
● 組み合わせる	● 選ぶ	● つなげる

出典：筆者作成

紙飛行機を大きな紙でつくる

扇風機を使って紙飛行機を飛ばす実験

熱を加えて変化を見る

地図づくりの様子

重さを感じる

石を砕いてみる

ミキサーを使って鉛筆の再生
（学童保育）

❻ 家庭との連携

　保育を進めるにあたっては、家庭と連携して活動を盛り上げていくことが重要です。保育者だけで活動を進めるのに比べ、様々な広がりや深まりにつながる可能性が高まります。

　たとえば、子どもたちがわからないことに遭遇したとき、図鑑や絵本で調べるよう促すほかに、家族に聞いてくることや家族で話し合うことを促すことができるでしょう。こうすることで、子どもたちが園でどのような活動をしているかを家庭と共有できるだけでなく、保育活動に様々なアイデアが吹き込まれ、保護者からも協力を得られやすくなります。

　事例1でも、野菜のタネの有無について疑問を持った際、「それぞれお家

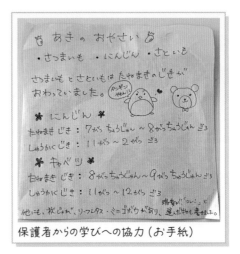
保護者からの学びへの協力（お手紙）

家庭からの写真等をもとにつくった新聞

にある野菜で調べてきて、教え合おう」と促す様子があったり、事例2でも、休日に家族と商店街に出かけ、看板の様子を確かめようとする姿がありました。事例3では、子どもたちがお家の人がどんな仕事をしているかを尋ねてくる姿もありました。それによって園と家庭、学びと生活をつなげることができています。

　子どもにとって一番身近な家族が園とつながり、自分たちの学びともつながり、よき理解者・支援者になっていくことは、持続可能性につながるコミュニティをつくるうえでも欠かせません。なぜなら、パートナーシップで問題解決をする一員の中に、もちろん保護者（家族）も入っているからです。

　保護者（家族）の支援を得るためには、園からの情報提供が不可欠です。事例1ではねぎのにおいを消すプロジェクトをドキュメンテーションにまとめて伝えたり、事例4では田植えをした様子を新聞にして伝えたりしたことが、保護者の驚く様子に結びついています。これらは、まさに保護者との情報共有の重要性を物語っています。

❼ ゲストの招待

　つながる保育では、園にゲストを招待することも推奨しています。なぜなら、第三者の存在は、子どもたちの学びに刺激や彩りを与えるからです。ここでいうゲストとは、保護者や地域の人、子どもたちが興味を持っていることに職業として関わっている人などが想定されます。最も身近なゲストとしては、隣のクラスの保育者、園長先生、看護師、調理室の先生なども当てはまります。

　ESDとは「地球規模の課題を自分事として捉え、その解決に向けて自ら行動を起こす力を身に付けるための教育」であり、「持続可能性に向かうコミュニティづくり」であると述べました。したがって、幼児期のESDにおいては、身のまわりの身近な社会と自分がつながることが大切になります。幼児期の子どもたちが多様な人や世代と関わることで、身のまわりの人やものごとへの感じ方を確かなものとしていきます。そして、それまでにない気づきや発見を得たり、新たな疑問を見つけたり、探究を深めたりしていくことでしょう。

　このようなことから、保育活動を園の中に閉じるのではなく、子どもたちを外の世界とつなげていくことが大切です。子どもたちが農家さんとつながった事

保護者にさつまいもの話を聞く様子

工事業者さんを招いて教えてもらう

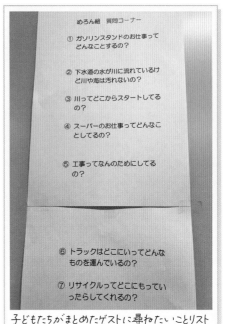

めろん組　質問コーナー

① ガソリンスタンドのお仕事ってどんなことするの？

② 下水道の水が川に流れているけど川や海は汚れないの？

③ 川ってどこからスタートしてるの？

④ スーパーのお仕事ってどんなことしてるの？

⑤ 工事ってなんのためにしてるの？

⑥ トラックはどこにいってどんなものを運んでいるの？

⑦ リサイクルってどこにもっていったらしてくれるの？

子どもたちがまとめたゲストに尋ねたいことリスト

例1や、セブ島の子どもたちとつながった事例3のように、オンラインで遠く離れた人とつながることもできるので、ICTも有効に活用していきましょう。

　ゲストは、保育者が一方的に決めて招待するのではなく、子どもとともに決めていくのが望ましいといえます。なぜなら、ESDでは子どもが主体的に考えて行動することが重要であり、「参加」から「参画」への移行が大切になるからです。サークルタイムなどで「誰なら知っていると思う？」「どうしたら来てもらえると思う？」といったオープンクエスチョンで問いかけ、子どもたちのアイデアを実現していくとよいでしょう。

　事例3で「誰なら羽根つき餃子について知っていると思う？」という問いに対して、子どもたちが「給食の先生」と答え、調理師が餃子について伝えています。自分たちから出したアイデアだからこそ、子どもたちは学びの主体者になり得ているのではないでしょうか。

　なお、誰がゲストにふさわしいかについて、保育者が意見を挟んではいけないわけではありません。保育者もコミュニティの一員なのですから、対等な立場で意見を出したり示唆したりして進めていけばよいわけです。

ゲストを招待するうえでは、あらかじめ子どもたちと話し合うとともに、訪問前にゲストと必ず打ち合わせを行いましょう。子どもたちとの話し合いでは、「どんなことを聞きたい？」「どんなふうにお迎えしたい？」と整理しておきます。ゲストとの事前の打ち合わせでは、招待するに至った理由や、子どもたちが知りたがっていること、子どもたちが理解できる言葉の難易度や集中できる時間の長さを伝えておきます。

　事例1や事例4でも、ゲストに子どもたちが聞きたいことを伝えておいたことでスムーズに進んでいます。尋ねたいことを事前に話し合っておくだけでなく、尋ねたいことをメモにして子どもが持っておくと、当日にその内容を忘れませんし、勇気を出して尋ねることにもつながります。

⑧ フィールドワーク

　フィールドワークとは、興味・関心のあるテーマについて経験したり調べたり話を聞いたりするために、園の外へ出かけていくことを指します。事例2の商店街への散歩、事例3の街への探索や図書館に出かけたりしたこと、事例4の田んぼへの見学がこれに当たります。つながる保育で推奨されているフィールドワークは、ESDにおいても有効です。

　なぜなら、子どもたちは身のまわりの環境との関わりを通じて、その世界を広げていきます。フィールドワークは、まさにその世界を広げる役割を果たします。実際に出かけていって、見たり聞いたり触ったりするからこそ、子どもたちは新たなことを知ったり、発見したりして、さらなる疑問に気づいたりします。そのようにして、そのものごとを自分ごと化し、主体的に関わろうとします。

　フィールドワークの行き先としては、様々な場所が考えられます。近くの公園やお店、商店街、学校、病院、図書館、駅などです。なお、園庭や隣りのクラス、職員室なども、身近なフィールドワーク先といえます。どこに出かけるかは、子どもたちの興味・関心によって変わります。そのテー

水を探しに出たフィールドワーク

マについて詳しく知っている人がいたり、関連するものがあったりする場所を、子どもたちとともに考え、訪問してみるとよいでしょう。サークルタイムなどで、「どこに行けばわかると思う？」「どこに行けば探しているものがあると思う？」「どこに行けば詳しい人がいると思う？」とオープンクエスチョンで問いかけることで、子どもたちのイメージが広がってくるはずです。

　保育者は、事前の計画ウェブマップで、どこに詳しい人がいそうか、どこで知りたいことがわかりそうかを想定しておきましょう。そして、フィールドワーク先では、そこにあるものを調べたり、詳しい人に話を聞いたり、インタビューしたりしてみましょう。

　なお、フィールドワークに出かけるにあたっては、ゲストの招待と同様に、事前の準備が大切です。下見して訪問先や道中の安全を確認するのはもちろん、訪問先で子どもたちがどんなことを発見しそうか事前に見通しを持っておきましょう。また、子どもたちと「どんなことを知りたいか？」と事前に話し合っておくことが重要です。そうすることで子どもたちの知りたいことがより焦点化され、フィールドワークへの動機づけを強め、探究的な姿につながっていくことでしょう。また、フィールドワーク先でゲストに会って話を聞く場合は、ゲストとの事前の打ち合わせも必要です。これまでの経緯や子どもたちが知りたがっていること、子どもたちの理解度などを事前に伝えておきましょう。

❾ 振り返りとしての表現

　振り返りとしての表現とは、つながる保育における第3段階を意味しています（104ページ）。子どもたちが探究してきたことを振り返り、気づきや発見、成長を誰かに伝えようとすることです。

　子どもたちは単に「体験」するだけでなく、それについて対話し、振り返ることで「経験」になっていくと述べました。単発の活動だけでなく、プロジェクト全体を通して振り返ることが大切です。さらにそれを誰かに伝えようとすることで、その学びはより自分

プロジェクトボードを見て振り返る

のものとなり、「経験」になっていくのです。

　こうした振り返りとしての表現を進めていくには、やはり保育者のオープンクエスチョンが重要になります。

- ■ ○○についてやってきたけど、どんなことがわかった？
- ■ どんなことを発見した？
- ■ どんなことができるようになった？
- ■ みんなはどんな成長をしたと思う？

　このように問うと、子どもたちは様々な意見や考えを出すことでしょう。それらすべてが子どもたちの学びであり、成長の証です。

　なお、振り返りにあたっては、活動の最中の写真や動画、ゲストを招待したときやフィールドワーク先での写真、使った道具、子どもたちがつくったものなどを示して振り返ることで、いきいきと思い出すことでしょう。

　そして、そうした学びを「伝えるとしたら、誰に伝えたい？」「どうやって伝えたい？」「どこで伝えたい？」と、オープンクエスチョンで尋ねてみてください。すると、子どもたちから様々なアイデアが出てくるでしょう。伝えたい人は、他のクラスの子どもたちや、保護者、地域の人、招待したゲストやフィールドワーク先の人かもしれません。そして、子どもたちは伝えたい方法や場所についても自分たちで考え、意思決定するといった「参画」を通じて、さらに学びを深め

街の探究を発表する

高く積む探究を保護者に伝える姿

ていくのです。

　事例1では、子どもたちがほうれん草をどうやって育ててきたかを振り返り、紙芝居にして他のクラスの子どもたちに発表しています。事例2では、お店屋さんごっこを振り返り、「もっとたくさんの人に見せたい」という思いから乳児クラスの子どもたちやお家の人に見てもらう姿がありました。事例4では、子どもたちがそれぞれ紙芝居や巻物にして、お米づくりのプロジェクトを振り返って発表しているのがわかります。

　自分たちの学びや成長の振り返りとその表現は、「体験」を「経験」に昇華させます。そして子どもたちの自己効力感を育み、自身を影響力のある存在として認識し、行動していく素地をつくっていくのではないでしょうか。そのような積み重ねこそが、「地球規模の課題を自分事として捉え、その解決に向けて自ら行動を起こす力」につながっていくのです。

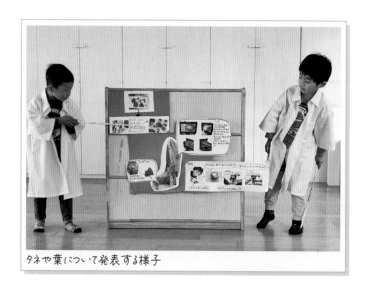

タネや葉について発表する様子

おわりに

　今回の書籍は、前著『3ステップの視点で保育が楽しくなる！つながる保育スタートBOOK──プロジェクト・アプローチを通して探究を支える』（東洋館出版社、2022年）の続編という位置づけで執筆しました。

　檸檬会では、職員を対象にプロジェクト・アプローチに関する往還型研修を行っています。前著はその研修テキストを書籍化したものでした。実はその研修を通して、「これはまさにESDだ」という実践が生まれていることを感じていました。だからこそ今回の出版は、幼児期のESDはプロジェクト・アプローチを取り入れることで実践しやすくなるのではないかという提案として執筆に至りました。

　ESDという言葉が、ヨコ文字かつ「持続可能な開発のための教育」という少々難解な表現であるがゆえに、とっつきにくさを与えている気もしています。しかし、地球は待ったなしの状態です。一人ひとりが社会のことを自分ごと化し、行動していくことが求められています。それには教育が大きな影響力を持っています。ESDは人が生まれたときから始まる以上、私たち保育者の使命・役割は相当大きなものであるはずです。しかし、ESDという言葉そのものを知っている保育者は、まだまだ多くありません。この状態をなんとかしたい、そんな思いで書き上げました。

　執筆にあたって心がけたことがいくつかあります。それは、実践者にとってわかりやすいものにするということです。なぜなら、実践者が読んでみたくなって理解・納得につながらなければ、実践が変わらないからです。私自身が保育園を運営し、日々保育者と関わっているからこそ、保育者のための実践本を書きたいと考えました。具体的な事例を載せるとともに、たくさんの写真を掲載しようと思いました。

　そして、いわゆる「ハウツー」を紹介することを心がけました。目の前の子どもも環境も違う中で、「ハウツー」を提示することは保育者主導の保育につながりかねません。それでも、なぜあえてそうしたかというと、先述の通りSDGsやESDは待ったなしだからです。なにごともステップバイステップで進めていくしかなく、まずはやってみることが大切です。その際「ハウツー」が

示されていることは、第一歩への足取りを軽くするはずです。待ったなしだからこそ、あれこれ考えたり躊躇したりすることなく、多くの保育者が容易に一歩を踏み出すにはどうすればよいかを考えた結果でした。

　しかし、本書で示した「ハウツー」が、「〇〇という活動をすればよい」という活動ベースの「ハウツー」でないことは、ここまで読んでくださったみなさんならご理解いただけるのではないでしょうか。子どもと豊かに関わり、子どもの探究をより豊かにしていくための本質的なハウツーを掲載したつもりです。

「教育とは、世界を変えるために使うことのできる、最も強力な武器である」

　Education is the most powerful weapon which you can use to change the world.

　そう語ったのは南アフリカの政治家、ネルソン・マンデラさんです。

　私たち保育者は、その大きな力を持っている数少ない職業人です。私たちが持続可能性を意識し、行動する大人でありたいのはもちろん、子どもとの関わりにおいても、持続可能性に向かうコミュニティの一員として、ともに保育を深めていきましょう。そして、「はじめに」でも考えた「子どものころ、どんな保育を受けていたら、あなたは今よりもっとSDGsを自分ごと化し、行動する大人になっていたと思いますか？」という問いの答えをともに実践していきませんか。なお、本書はESDの視点から執筆したものになりますので、プロジェクト・アプローチについてもっと詳しく知りたいという方は、前著を手にとっていただければ幸いです。

　最後に、本書に掲載した写真を見ると、大人も子どももマスクをしているのがわかります。ここで掲載した実践は2020〜2021年のものであり、多くの保育者が新型コロナウイルス感染症と戦いながら保育を進めてきた足跡でもあります。本書をお読みくださった読者の方々はもちろん、すべての保育者や、日々、志高く子どもたちや利用者、同僚に向き合う社会福祉法人檸檬会の職員に心から感謝したいと思います。

社会福祉法人檸檬会　副理事長　青木　一永

執筆者紹介

■ **青木一永**（あおき かずなが）

社会福祉法人檸檬会　副理事長／大阪総合保育大学非常勤講師／
紀の川市総合計画審議会委員／紀の川市子ども子育て会議委員／
プロコーチ／博士（教育学）／保育士

　1977年、岐阜県下呂市生まれ、和歌山市在住。大学卒業後、国家
公務員として勤務。その後、社会福祉法人檸檬会に入職し、園長職
等を経て現職。園長時代に大学院に通い始め、2019年博士学位を取
得。2015年日本乳幼児教育学会新人賞受賞。大学院では、裁量の多い中で保育者がどのよ
うに保育活動を構想しているのかに焦点を当て研究し、そこで得られた知見を保育者育成に
活かしている。

　現在は、副理事長として全国約80施設の運営や職員育成を行うほか、大学非常勤講師とし
て学生指導、研修講師、講演活動、海外の保育者育成を行っている。また、プロコーチとし
て保育園園長や経営者等のコーチングを行っている。

第Ⅱ部　実践報告

■ **鶴田聖奈**（つるた せな）（レイモンド西淀保育園）
■ **濱谷恵里**（はまたに えり）（レイモンド鳥越保育園）
■ **石井沙織**（いしい さおり）（レイモンド南蒲田保育園）
■ **曽我部裕規**（そかべ ひろき）（放課後児童クラブ太陽の子）

社会福祉法人檸檬会

　福祉・教育を中心に、全国でおよそ80施設を運営する社会福祉法人。レイモンド保育園や
れもんのこ保育園（小規模保育園）、Kid's＆More（企業主導型保育園・学童施設）、レモネー
ドキッズ（児童発達支援事業）のほか、障がい者支援施設を運営。
　「カラフルな○△□が凹凸（こせい）（ひずみ）のある世界で跳動するソーシャル・インクルージョンの実現」とい
うヴィジョンのもと、「なんだろうのその先へ」を合言葉に、子どもにとっても大人にとっても
主体的で対話的、そして深い学びのある探究的な保育を目指している。
　〒649-6432　和歌山県紀の川市古和田240　TEL：0736-79-7313

本書の感想をぜひ以下までお寄せください。
kazu.a@lemonkai.or.jp

引用・参考文献

- Beneke, Sallee, et al. (2018) *The Project Approach for All Learners: A Hands-On Guide for Inclusive Early Childhood Classrooms.* Brookes Publishing.
- Chard, Sylvia, et al. (2017) *Picturing the Project Approach -Creative Explorations in Early Learning-.* Gryphon House Inc.
- シルビア・チャード（著）. 小田豊（監修）、芦田宏（監訳）（2006）『幼児教育と小学校教育の連携と接続 －協同的な学びを生かしたプロジェクト・アプローチ実践ガイド－』光生館
- 萩原元昭（編著）（2020）『世界のESDと乳幼児期からの参画 －ファシリテーターとしての保育者の役割を探る－』北大路書房
- 井上美智子・登美丘西こども園（著）（2020）『持続可能な社会をめざす0歳からの保育 －環境教育に取り組む実践研究のあゆみ－』北大路書房
- Ji, Okjong, and Sharon Stuhmke (2014) "The Project Approach in early childhood education for sustainability Research in Early Childhood Education for Sustainability -Australia Research in Early Childhood Education for Sustainability-." *Research in Early Childhood Education for Sustainability: International Perspectives and Provocations,* edited by Julie Davis and Sue Elliott, Taylor & Francis Group, pp. 290-329.
- 持続可能な開発目標（SDGs）に関する副教材作成のための協力者会議（2018）「SDGsをナビにして私たちがつくる持続可能な世界」公益財団法人日本ユニセフ協会 https://www.mofa.go.jp/mofaj/gaiko/oda/sdgs/pdf/sdgs_navi_2022.pdf.
- Katz, Lilian G., and Judy Harris Helm (2016) *Young Investigators: The Project Approach in the Early Years.* Teachers College Press.
- リリアン・カッツ、シルビア・チャード（著）、小田豊（監修）、奥野正義（訳）（2004）『子どもの心といきいきとかかわりあう －プロジェクト・アプローチ－』光生館
- 公益財団法人 日本ユニセフ協会「持続可能な世界への第一歩 SDGs CLUB」 https://www.unicef.or.jp/kodomo/sdgs/
- 国連人口基金駐日事務所「世界人口推移グラフ」 https://tokyo.unfpa.org/ja/resources/%E8%B3%87%E6%96%99%E3%83%BB%E7%B5%B1%E8%A8%88. Accessed 8 January 2023.
- 国立教育政策研究所教育課程研究センター（2012）「学校における持続可能な開発のための教育（ESD）に関する研究最終報告書」
- 子どもの参画情報センター（編集）、朝倉景樹・呉宣児・延藤安弘・石原剛志・新谷周平（著）（2002）『子ども・若者の参画 －R.ハートの問題提起に応えて－』萌文社
- 松本信吾（編著）、広島大学附属幼稚園（監修）（2018）『身近な自然を活かした保育実践とカリキュラム －環境・人とつながって育つ子どもたち－』中央法規出版
- 文部科学省（2017）『幼稚園教育要領』フレーベル館
- 文部科学省国際統括官付 日本ユネスコ国内委員会（2021）「持続可能な開発のための教育（ESD）推進の手引 令和3年5月改訂」
- 西井麻美・池田満之・治部眞里・白砂伸夫（編著）（2020）『ESDがグローバル社会の未来を拓く －SDGsの実現をめざして－』ミネルヴァ書房
- 日本保育学会（2017）「第17回国際交流委員会企画シンポジウム報告 乳幼児期からの持続可能な開発のための教育（ESD）－世界の動向と日本の取り組み－」『保育学研究』第55巻第3号

- 日本原子力文化財団「世界のエネルギー資源確認埋蔵量」
  https://www.ene100.jp/zumen/1-1-6. Accessed 8 January 2023.
- OECD（2019）"OECD Future of Education and Skills 2030, Conceputual learning framework "STUDENT AGENCY FOR 2030".
  https://www.oecd.org/education/2030-project/teaching-and-learning/learning/student-agency/Student_Agency_for_2030_concept_note.pdf. Accessed 8 January 2023.
- OECD（2019）「2030年に向けた生徒エージェンシー」(Student Agency for 2030 仮訳)
  https://www.oecd.org/education/2030-project/teaching-and-learning/learning/student-agency/Student_Agency_for_2030_concept_note.pdf. Accessed 8 January 2023.
- OMEP（2019）"The OMEP ESD rating scale（2019, 2 ed.）."
  https://omepworld.org/wp-content/uploads/2021/02/2019-OMEP-ESD-rating-scale2ed.ENG_.pdf. Accessed 8 January 2023.
- OMEP 日本委員会 ESD プロジェクト（2022）「OMEP ESD プロジェクト報告書」
- ロジャー・ハート（著）、木下勇・田中治彦・南博文（監修）、IPA（子どもの遊ぶ権利のための国際協会）日本支部（訳）（2000）『子どもの参画 －コミュニティづくりと身近な環境ケアへの参画のための理論と実際－』萌文社
- 社会福祉法人檸檬会・青木一永（編著）（2022）『3 ステップの視点で保育が楽しくなる! つながる保育スタート BOOK』東洋館出版社
- Shier, Harry（2001）Pathways to participation: openings, opportunities and obligations. no. 15 (2), pp.107-117. *Children & Society.*
- 白井俊（著）（2020）『OECD Education 2030 プロジェクトが描く教育の未来 －エージェンシー、資質・能力とカリキュラム－』ミネルヴァ書房
- 角尾和子（編著）（2008）『プロジェクト型保育の実践研究 －協同的学びを実現するために－』北大路書房
- The Food and Agriculture Organization（2020）"A fresh perspective -Global Forest Resources Assessment 2020-." *Global Forest Resource Assessment.*
  https://www.fao.org/forest-resources-assessment/2020/en/. Accessed 8 January 2023.
- 特定非営利活動法人 エコロジカル・フットプリント・ジャパン
  https://ecofoot.jp/. Accessed 8 January 2023.
- 冨田久枝・上垣内伸子・田爪宏二・吉川はる奈・片山知子・西脇二葉・名須川知子（著）（2018）『持続可能な社会をつくる日本の保育 －乳幼児期における ESD－』かもがわ出版
- UNESCO（2020）*Education for Sustainable Development: A Roadmap.* UNESCO Publishing, Accessed 8 January 2023.
- UNESCO, et al.（2014）*Shaping the future we want: UN Decade of Education for Sustainable Development; final report.* UNESCO.
- United Nations. Transforming our world: the 2030 Agenda for Sustainable Development. 2015
  https://www.un.org/en/development/desa/population/migration/generalassembly/docs/globalcompact/A_RES_70_1_E.pdf. Accessed 8 January 2023.
- WWF ジャパン「環境問題とは?地球の未来のために、知るべきこと」
  https://www.wwf.or.jp/aboutwwf/earth/. Accessed 8 January 2023.
- 全国地球温暖化防止活動推進センター「世界平均気温の変化（1850 ～ 2020年・観測）」
  https://www.jccca.org/download/43034. Accessed 8 January 2023.
- 全国地球温暖化防止活動推進センター「世界平均気温の変化予測（観測と予測）」
  https://www.jccca.org/download/43044. Accessed 8 January 2023.
- 全国地球温暖化防止活動推進センター「世界平均海面水位の変化予測（観測と予測）
  https://www.jccca.org/download/43060?p_page=2#search. Accessed 8 January 2023.

SDGsと保育
スタートBOOK
つながる保育で実践する幼児期のESD

2023年10月20日　初版第1刷発行

編 著 者	青木 一永	
	社会福祉法人檸檬会	
発 行 者	竹鼻 均之	
発 行 所	株式会社みらい	

〒500-8137　岐阜県岐阜市東興町40番地　第5澤田ビル
TEL 058-247-1227　FAX 058-247-1218
https://www.mirai-inc.jp/

組　　版	松田 朋子
印刷・製本	西濃印刷株式会社

ISBN 978-4-86015-605-3　C3037